JN083538

日本で働き、生活する人のための初級日本語テキスト

アクセス日本語

教師用指導書

藤田百子 著　山田智久 監修

本書の構成と使い方

　本書は『アクセス日本語』を使用して教える上で必要なポイントを、各課ごとにまとめた教師用指導書です。

◆会話部分の進め方

　各課の冒頭部分にある、会話の扱い方についての概略を説明しています。

　イラストや音声を効果的に使うことにより、学習者のスキーマを活性化させ、次の学習へつなげることができます。

◆各課の構成

Ⅰ、会話の留意点

　各課ごとに、練習の手順と留意点を示しています。

　学習項目を練習する前と練習した後の留意点があります。

Ⅱ、学習項目の進め方

　練習問題毎に文型または例文と目安時間を示し、【練習のポイント】【教えるときの留意点】【練習の手順】【＋α】の順で手順が説明されています。

【練習のポイント】

・各練習について、指導の際に押さえるべき基本的なポイントを示しています。

【教えるときの留意点】

・練習問題の表現や文法項目の中で、特に注意すべき点や学生が間違いやすい表現などを示しています。

【練習の手順】

・手順の一例を示しています。学習者の習得レベルや時間に応じて、やりとりを膨らませたりしてもよいでしょう。

【＋α】

・もう一歩進んだ練習です。学習者の習得レベルに応じて、適宜練習を加えることができます。

・基本的な練習が不十分な場合、まず基礎を確実に身に付けることを優先しましょう。

Ⅲ、用例

　本書の中で、文型は以下のように提示します。

Ｖ…動詞
　　＊動詞のグループは、Ⅰグループ、Ⅱグループ、
　　Ⅲグループと呼びます。
Ｖます…動詞のます形語幹（「食べます」の「食べ」、
　　　　「読みます」の「読み」の部分）
Ｖて…動詞のて形
Ｖた…動詞のた形
Ｖ辞書…動詞の辞書形
Ｖない…動詞のない形語幹（「食べない」の「食べ」、
　　　　「読まない」の「読ま」の部分）

Ｎ…名詞
な Ａ…な形容詞
い Ａ…い形容詞
普通形…動詞（辞書形・た形・ない形・過去否定形）、
　　　　い形容詞（〜い・〜かった・〜くない・く
　　　　なかった）、な形容詞・名詞（〜だ・〜だっ
　　　　た・〜じゃない・〜じゃなかった）
丁寧形…です・ます形

会話部分の進め方

【説明】

会話は、その課で勉強する文型を使って作られています。

会話を見る前に各課の最初のページを見て、会話の場面の状況説明とイラストを見ながら学習者に会話の状況や会話の内容を想像させましょう。学習者同士が母語や共通語で行ったり、教師がサポートしてもいいです。

まず学習者自身が持っている知識を活用し、「このような状況ではどんなことを言うだろうか」と学習者に考えさせることが大切です。

【会話練習の手順】

① イラストを見て話す

・イラストの登場人物が何を話しているのか、イラストを見ながら想像してクラスで話しましょう。
　例えば、1課ではベトナムと日本でWebを使って会話している設定であることを確認し、
　母語ならどのような会話が考えられるかを話します。
・イラストを見ただけでは状況がわからないようなら、状況説明文を一緒に読んで確認しましょう。
・まだ日本語を聞く前の準備段階なので、母語で話してもいいです。

② 音声を聞く

本文を見ないでイラストを見て聞きます。最初はわからなくても、一つでも情報が聞き取れるように聞きましょう。

③ 内容を確認する

質問例）　第1課
・この人は誰ですか。（登場人物の名前の確認）
・この人は今どこにいますか。ハノイですか、東京ですか。　（状況の確認）
・この人は学生ですか。会社員ですか。（登場人物についての質問）

④ 会話のページを見ながらもう一度音声を聞く

この時点では内容が全部わからなくても大丈夫です。

⑤ 学習項目の練習の後に、最後に音声を聞き、理解度を確認する

学習者に「わかった！」という実感を持ってもらうことが大切です。

第 1 課

はじめまして！

Ⅰ、会話の留意点

学習項目の練習の前に

【音声を聞く前の確認 (p.3 会話練習の手順①)】
ベトナムと日本の Web 上の会話で、自己紹介の場面であることを確認。

【音声を聞いた後の確認 (p.3 会話練習の手順③)】
質問例)
・この人は誰ですか。（登場人物の名前の確認）
・この人は今どこにいますか。ハノイですか、東京ですか。（状況の確認）
・この人は学生ですか。会社員ですか。（登場人物についての質問）

学習項目の練習の後に

【練習のポイント】
学習のまとめとして、もう一度、課の最初にある会話を確認し、学習項目の定着をはかる。

【教えるときの留意点】
・「あ」は、「こんにちは」などのあいさつと一緒によく使われます。
・同じ初対面同士でも、グエンさんと山田さんは「どうぞよろしくお願いします。」と丁寧な表現を使い、年齢が
　近い鈴木さんとグエンさんは「どうぞよろしく。」と言っています。

【練習の手順】
1）会話を聞く。
2）会話の内容について、習った文型を使って日本語で質問をする。
　　・山田さんは会社員ですか。　グエンさんも会社員ですか。
　　・東京は今何時ですか。　ハノイは今何時ですか。
3）もう一度音声を聞いて質問の答えを全体で確認。
4）登場人物同士の関係や会話で使われている会話表現などを確認。
5）音声を聞いて、会話文をリピート。
6）３人のグループで会話の練習をする。

【＋α】
・会話文を見ないで、日本語として自然なスピードや発音で発話できるようになることを目指しましょう。
　以下のような練習があります。
　　・シャドーイングをする。
　　・モデル会話を暗記し、発表する。
　　・ペアになって、モデル会話を参考に、お互い自己紹介をする。（応用練習）

1　やまださんですか。はい、やまだです。

はなしてみよう　1-1　　　　　　　　　　　　　　　　　　　目安時間：10分

Ｎですか　Ｎです

A：こんにちは、（やまだ）さんですか。

B：はい。（やまだ）です。よろしく　お願いします。

【練習のポイント】
・名詞の疑問形を覚える。
・初対面のあいさつ（相手の名前を知っている場合）

【教えるときの留意点】
・質問をするときには、「Ｎさんですか。」と「さん」を付けます。
　答えは、自分の名前を相手に教えるので「○○です」と、「さん」を付けないことに注意します。
・普通「あなたは」や「私は」は省略します。学生が「あなたは鈴木さんですか」「私はグエンです」と言わない
　ように注意します。「あなたは」と呼びかけないこと、答えるときにも「私は」と言わないことにも注意します。
・「よろしくお願いします。」は初対面でよく使われるあいさつ表現ですが、「これからいい関係を作りたい」とい
　う気持ちを表しています。日本社会でとてもよく使う、慣用的な表現だと説明します。（メールの最後にも使う、
　物事を頼むときに使う、など）

【練習の手順】
1）口慣らしとして、例の会話文でコーラス練習。きちんと発音できているか、確認。
2）ペアで会話練習。①～⑥まで終わったら、役割を交代して練習。
3）会話練習の確認。全体でコーラス。日本人の名前がきちんと読めて、発音できているか、確認。

【＋α】
・この練習では、日本人によくある名前がたくさん出ています。余裕があれば、高低アクセントも意識してコー
　ラスしてみましょう。

例）やまだ　　①　さとう　　②　すずき　　③　やまもと　　④　よしかわ

⑤　こんどう　　⑥　ふじた

高低アクセントは、慣れないとすぐにはできません。ただ、日本語の音声の特徴として高低アクセントがあるこ
とを意識してもらうことは必要です。また、本書では、東京アクセントで指導していますが、地方によってアク
セントが異なることも学習段階に応じて紹介してもいいでしょう。

🗣 はなしてみよう　1-2

目安時間：5分

> Nですね（Nを確認する）

A：はじめまして、（パク）です。

B：（パク）さんですね。どうぞ　よろしく。

【練習のポイント】
・初対面同士のあいさつ　（どちらも相手を知らない場合）
・相手の名前を確認する。
・名前をカタカナで書く練習をする。

【教えるときの留意点】
・「はじめまして」は初対面のときにのみ使われるあいさつ表現です。
・「どうぞよろしく。」は「よろしくお願いします。」のバリエーションです。「よろしくお願いします。」より、やや砕けた表現です。さらに、相手が同年代や年下である場合は、「よろしく」という表現もあります。相手との人間関係によって使い分けをすることに注意しましょう。
・外国人の名前表記は名前に漢字表記がない場合、カタカナ表記が基本であることを説明します。

【練習の手順】
1）「はじめまして」が、初対面のあいさつであること、「〜ですね。」は、相手の発話を繰り返し確認する言い方であることを確認。
2）口慣らしとして、例の会話文でコーラス。
3）例のように、ペアで練習。終わったら、役割を交代して再度練習。問題④（　　　）は自分の名前で練習。
4）全体で再度コーラス。

🎧 きいてみよう　✏ かいてみよう　1-3

目安時間：15分

> こちらはNさんです（他者を紹介）

A：こちらは（かとう）さんです。

B：（かとう）です。よろしく　お願いします。

【練習のポイント】
・知り合いを紹介する。
・音声を聞いてメモを取る。
・日本人の名前、ひらがな表記に慣れる。

【教えるときの留意点】
・「こちらは」は紹介する人を丁寧に示す言い方であることを説明しましょう。また、ペア練習の際にはイラストのように、手を上向きにして指す丁寧な動作を実際にやってみることも大切です。
・「よろしくお願いします」を 1-1 、「どうぞよろしく」を、1-2 で練習しました。その他、「どうぞよろしくお願いします」「よろしくお願いいたします」などのバリエーションもありますが、1-3 では、よく使われる「よろしくお願いします」で練習します。

【練習の手順】
1）イラストの場面を確認し、例の会話文を聞く。
2）音声を聞き、名前を書き取るように指示。
3）表記、発音をそれぞれ確認。
4）イラストのようなジェスチャーをしながら、①〜⑧の会話を3人で練習。

❓ しつもんしてみよう　1-4

目安時間：15分

A：すみません。お名前は？
B：（　　　　　　）です。
A：（　　　　　　）さんですね。どうぞ　よろしく。

【練習のポイント】
・学習者同士で実際に名前を質問し合う

【教えるときの留意点】
・「すみません」が呼びかけであることに注意しましょう。
・「お名前は？」の「お」が丁寧な表現であること、「は？」の後ろの上昇イントネーションにも注意します。

【練習の手順】
1）二人の会話の場面を確認。
2）スムーズに活動ができるよう、一般的な名前を使って会話を練習し、口慣らしをする。
3）問題の指示文の通りに、活動。

【＋α】
・何人かの学習者に発表させることもできます。

2　やまださんは　会社員です。

 ## はなしてみよう　1-5

目安時間：10分

N1はN2です

A：（かとう）さんは、（会社員）ですか。
B：はい、（会社員）です。

【練習のポイント】
・相手の職業を質問する。
・自分の職業について答える。

【教えるときの留意点】
・ここでも、日本人のよくある名前が多数紹介されています。発音練習の一貫として、次の高低アクセントを意識して練習しましょう。

例）かとう　①たかはし　②さとう　③わたなべ　④いとう

⑤さいとう　⑥ささき　⑦やまもと　⑧えんどう

【練習の手順】
1）イラストの人の名前を確認。高低アクセントに注意して発音を練習する。
2）職業名は語彙リストを参照して確認、「介護士」と「看護師」の違いなどに注意する。
3）口慣らしとして、例の会話文でコーラス。
4）ペアで練習。終わったら役割を交代して滑らかに言えるように練習。

3　すみません、やまださんですか。
いいえ、やまださんじゃありません。さとうです。

 はなしてみよう 　1-6　　　　　　　　　　　　　　　　目安時間：10分

> いいえ、Ｎじゃありません（ではありません）

A：すみません、（やまださん）ですか。
B：いいえ、（やまださん）じゃありません。（自分の名前）です。
A：すみません。

【練習のポイント】
・質問された内容について、否定する。

【教えるときの留意点】
・「すみません」には、二つの「すみません」があります。最初の「すみません」は呼びかけ、最後の「すみません」は謝罪です。呼びかけは、上昇調イントネーション、謝罪は、下降調イントネーションです。違いがわかるように、イントネーションにも注意しましょう。
・「（自分の名前）です。」は「さん」を付けません。自分の名前に「さん」をつける間違いが多いので、注意して練習しましょう。
・ここでは、「Ｎじゃありません」という形で勉強しますが、「Ｎではありません」という形もあり、書き言葉でよく使われることも紹介しておきます。

【練習の手順】
1）イラストを確認。
2）会話の流れを確認するために、教師はＡを担当し、学習者一人を指名し、教師と学習者でＡとＢの会話をやる。自分の名前に「さん」を付けないことに注意。
3）教師と学生の会話例を全体で確認し、口慣らしとしてコーラス。
4）ペアで練習。

きいてみよう ✏ **かいてみよう** 1-7　　　　　　　目安時間：15－20分

A：（やまださん）は、先生ですか。

B：いいえ、先生じゃありません。（会社員）です。

A：あ、すみません。

【練習のポイント】

・日本人の名前とその職業を聞く。

・聞き取ったひらがなを正確に書く。

【教えるときの留意点】

・「あ、すみません」の「あ」には、「間違えてごめんなさい」「失敗した」という気持ちが入っています。

【練習の手順】

1）職業の名前を語彙リストとイラストを使って確認。

2）音声を聞く前に、会話の内容を例で確認。

3）音声を聞く。（　　　　）に名前と職業を書くように指示。

　　　1回目は音声を止めずに聞く。2回目以降は、学習者自身が聞き取れなかった箇所を確かめる。

4）表記を板書などで確認し、全体でコーラス。

5）正しく書き取った名前と職業名を使って、ペアで会話の練習。

4 | 私も　介護士です。

👥 **はなしてみよう** 1-8　　　　　　　　　　　　　目安時間：10分

N1もN2です

A：（相手の名前）さんは、（会社員）ですか。

B：はい、（会社員）です。

A：私も（会社員）です。どうぞよろしく。

【練習のポイント】

・助詞「も」

・同じ職業であることを言う。

【練習の手順】

1）イラストを確認。

2）BもAと同じ会社員であることを確認し、「も」の意味に注意。

3）①から⑥のイラストの職業名をもう一度確認。

4）例をコーラスで練習。

5）ペアで練習。終わったら、役割を交代して再度練習。

【+α】
・今まで習った日本人の名前を入れて練習してみましょう。イラストの登場人物の名前を使ってもいいです。

🎧 きいてみよう　✏️ かいてみよう　[1-9]　　　　　　　　　目安時間：10分

┌──────────────────┐
│ 私はNです　私もNです │
└──────────────────┘

A　　　　　：いのうえさん、出身は？
いのうえ：（①大阪）です。
A　　　　　：えっ、私も（②大阪）です。

B　　　　　：まつもとさん、ご出身は？
まつもと：（③福島）です。
B　　　　　：そうですか。私は（④福岡）です。

【練習のポイント】
・「も」を使った会話を聞く。
・出身地を聞き、書く練習をする。

【教えるときの留意点】
・「は」と「も」の違いを会話の流れから確認します。
・会話では「ご出身」「出身」が使われていますが、「ご」を使うほうが丁寧だということを説明します。
・AはBと同じ出身地だということがわかり、「えっ」と驚いています。
・「そうですか。」は、イントネーションによっていろいろな意味になります。ここでは、相手が話したことが理解できたということを伝えています。

【練習の手順】
1）「出身」の意味を、学習者の出身地を聞きながら確認。
2）音声を聞く。
3）4人の出身地である日本の地名を聞き取って書く。
4）板書などで確認。「おおさか」の「お」の長音に注意。
5）次の[1-10]がスムーズにいくように、音声を聞いてリピート。

❓ しつもんしてみよう　[1-10]　　　　　　　　　　　　目安時間：10分

【練習のポイント】
学習者同士で[1-9]と同じ会話をする。

【練習の手順】
1）「も／は」の答え方の違いを確認し、指示文の通りに活動。
2）学習者は何人か（3人ぐらい）に質問し、表に相手の名前と出身地を書く。

 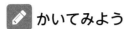 きいてみよう ✏ かいてみよう 1-11 目安時間：10分

【練習のポイント】
・日本の地名を聞く。
・日本の地名を使って、日本語の音と表記を結びつける。

【練習の手順】
1）日本の知っている地名を学習者に聞く。
2）（　　　　　　　）に、地名をひらがなで書くことを指示。
　　1回目は音声を止めずに聞く。2回目以降は、学習者自身が聞き取れなかった箇所を確かめる。
3）表記を全体で確認し、音声を聞いてリピート。

【＋α】
・地名を全て覚える必要はありませんが、学習者は、東京や大阪だけでなくいろいろな地方に住んでいます。時間に余裕があれば、日本地図を使って、他の都市の名前を読んでみるなど、日本の地名とひらがな表記を関連付けて練習してみてもいいでしょう。

5 ABC商事の　やまだです。

 はなしてみよう 1-12 目安時間：15分

N1のN2です

A：かとうさん、かとうさんは、会社員ですか。
B：はい、（ABC商事）の（社員）です。

【練習のポイント】
・所属の助詞「の」について練習。

【教えるときの留意点】
・職業名は「会社員」ですが、ある会社の一員であるというときには「社員」を使って、「ABC商事の社員です。」のように言います。
・助詞「の」には、いろいろな意味がありますが、この課では所属のみを扱っています。「やまだのABC商事です。」と順番が逆にならないように注意しましょう。
・最初の「かとうさん」は相手への呼びかけであることに注意しましょう。
・職業が「教師」の場合、自分で「先生です」とは言わないので注意しましょう。

【練習の手順】
1）イラストを見て、職業名と名前を確認。
2）「の」に注意を促し、Bの答え方「N1のN2です。」を確認。
3）①～⑥のBの答えを全体で確認。
4）ペアで練習し、終わったら役割を交代して再度練習。

—11—

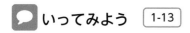 いってみよう　1-13 　　　　　　　　　　　　　　　　　目安時間：10 − 20分

しみずさんは　（三友商事）の　（社員）です。

【練習のポイント】
・名刺の内容を理解する。
・名刺を使って自己紹介する。

名前 ── 営業部
第二課　課長
山田　大輔
YAMADA　DAISUKE

株式会社 ABC 商事
〒 123-4567　東京都 千代田区 〇〇町 12-34-5
Tel: 12-3456-XXXX Fax: 12-3456-XXXX
── 会社名
住所・電話番号

【教えるときの留意点】
・名刺交換は、通常立って、お互い自己紹介をしながら交換することを説明します。

✏ かいてみよう　1-14 　　　　　　　　　　　　　　　　　目安時間：10分

【練習の手順】
1）名刺に書かれている情報はどんなものか、名刺の写真を使って説明。
2）練習用のイラストの名刺の勤務先を見て、どんな職業なのかを考え、確認。
3）①から④の名刺の人について「Ｎ１（職場）のＮ２（職業）です。」という形で全体でコーラス。
　　⑤の（　　　　）には自分の名前などを書き、手順４）の名刺交換がスムーズにできるようにしておく。
4）指示文を読ませる。名刺交換できるように別紙を渡し、名刺を書かせて名刺交換。
　　会話例）
　　Ａ：はじめまして、（名前）です。　（　　　　）の（　　　　　）です。
　　　　←名刺を差し出しながら自己紹介。
　　Ｂ：ありがとうございます。（名前）です。（　　　　）の（　　　　　）です。　よろしくお願いいたします。
　　　　←名刺を受け取り、さらに差し出しながら自己紹介。
　　起立して向かい合って名刺交換の動作をすることによって、非言語的な要素も意識させましょう。

6　なん時ですか。 1 時です。

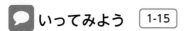 いってみよう　1-15 　　　　　　　　　　　　　　　　　目安時間：15分

【練習のポイント】
・数字の読み方
・時間の読み方

【練習の手順】
1）数字の読み方を確認。
2）時間の読み方を確認。　４：００（よじ）、７：００（しちじ）、９：００（くじ）に注意。

【＋α】
数字の聞き取り、書き取りは大切です。数字の読みだけでなく、聞き書き（メモ）も取り混ぜて練習するようにしましょう。

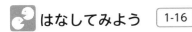 はなしてみよう 1-16　　　　　　　　　　　　　　　　　　　　　　　目安時間：10分

Nは今なん時ですか

例）東京
A：（東京）は今なん時ですか。
B：午後（8）時です。

【練習のポイント】
・時間を質問する。
・時間を言う。

【教えるときの留意点】
・ここでは、24 時間表示になっていますが、「２０：００」は「２０時」とは言わず、「午後８時」と、午前午後を使って時刻を言います。
・「１２：００」は午前も午後もつけずに言います。また、「０：００」は午前をつけて、「午前０時（れいじ）」と言います。

【練習の手順】
１）都市名のカタカナ表記とその読みを確認。
２）午前・午後を使って各都市の時間の言い方を確認。
３）ペアで練習。

【＋α】
・他の都市の時間を言う練習をしてもよいでしょう。
・「分」については、テキストでの練習は 30 分、半、の使い方のみの練習です。まだ日本語の「音」に慣れていないので、「〜時」がスムーズに言えるようになってから、「分」の言い方にも慣れるように少しずつ練習してください。

チャレンジ！

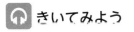 きいてみよう  はなしてみよう 1-17　　　　　　　　　　　　　　目安時間：15分

【説明のポイント】
1 課で練習した学習項目を総合的に練習します。

【練習の手順】
１）イラストを見て、イラストからどんな会話が展開されるかを考えさせる。
２）音声を聞く。
　　１回目は音声を止めずに聞く。２回目以降は、学習者自身が聞き取れなかった箇所を確かめる。
３）書き取った名前などが正しいかどうか、全体で確認。

４）音声を聞いてリピート。

５）３人グループになって、Aは、Bを、Cに紹介する。

６）一回終わったら、役割を交代して練習。イラストの例のように、立って紹介する動作も加えながら行う。

第 2 課

それはなんですか

Ⅰ、会話の留意点

学習項目の練習の前に

[聞く前の確認（p.3 会話練習の手順①）]
Web 上で二人が話していること、机の上にいろいろなものがあることを確認。
[聞いた後の確認（p.3 会話練習の手順③）]
質問例）・これは何ですか。机の上に何がありますか。
　　　　　（イラストの物の名前の確認をしたり、実物を使って名前を質問したりする。）
　　　　・これは誰の雑誌ですか。（イラストと実物を使って質問してみる。）

学習項目の練習の後に

【練習のポイント】
学習のまとめとして、もう一度、課の最初にある会話を確認し、学習項目の定着をはかる。

【教えるときの留意点】
・「いえ」は、「いいえ」の短い言い方です。
・鈴木さんは、「へえ。」といってグエンさんの答えに反応しています。少し驚いた様子のイントネーションを会話の音声からよく聞きましょう。
・「私の雑誌」は「雑誌」について話していることがわかっているとき、名詞を省略して「私の」と言ってもいいです。

【練習の手順】
1）会話を聞く。
2）会話の内容について、習った文型を使って質問をする。
　　・これは何ですか。　（テキストやスクリーンを指しながら教師から見て「これ」だとわかるようにする。）
　　・これは何の雑誌ですか。
　　・これは誰の雑誌ですか。グエンさんの雑誌ですか。
3）もう一度音声を聞いて質問の答えを全体で確認。
4）登場人物同士の関係や会話で使われている会話表現などを確認。
5）音声を聞いて、会話文をリピート。

【＋α】
・会話文を見ないで、日本語として自然なスピードや発音で発話できるようになることを目指しましょう。
　以下のような練習があります。
　　・シャドーイングをする。
　　・モデル会話を暗記し、発表する。
　　・ペアになって、モデル会話を参考に、「こ・そ・あ」を使って身の回りの持ち物について質問する。（応用練習）

1 これは　スマートフォンです。

🎧 **きいてみよう** 　2-1 　　　　　　　　　　　　　　　　　　目安時間：10分

これ・それ・あれ　はNです　（指示詞）

あれは　鞄です。　（音声のみ）

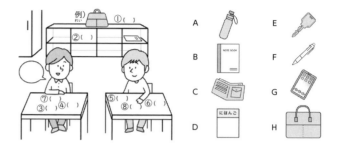

【練習のポイント】
・身の回りの物の名前を覚える。
・「これ・それ・あれ」を使って
　身の回りの物を説明する。

【教えるときの留意点】
・音声を聞いて二人の身の回りに何があるのかAからHの中から選び、①から⑧に書く問題です。
・「あれは鞄です。」「これは財布です。」と、「これ・それ・あれ」を使った音声が流れます。練習をする前に、身
　の回りの物を使って「これ・それ・あれ」の使い方を確認しておきましょう。

【練習の手順】
1）AからHの物の名前を確認。
2）かばんやノートなどの実物やイラストを使って、「これ・それ・あれ」を確認。
3）イラストの①から⑧が、左の男性から見て「これ・それ・あれ」のどの位置にあるのかを確認。
4）音声を聞いて、指示文の通りAからHを書く。
5）答えが正しいか、もう一度音声を聞いて全体で答えを確認。

✏️ **かいてみよう** 💬 **いってみよう** 　2-2 　　　　　　　　　　　　　目安時間：10分

（あれ）は（鞄）です。

【練習のポイント】
・「これ・それ・あれ」を使って文を書く。
・左側の男の人の視点で話していることを確認しましょう。

【教えるときの留意点】
・ 2-1 のイラストを見ながら、例のように文を書くことを説明します。

【練習の手順】
1）イラストを見て、例のように書くことを説明。
2）文を書かせる。
3）正しくひらがなが書けているか、板書などをして答えを確認。
4）音声を聞いて、リピートをしながら答えを確認。

【＋α】
教室内にある実物を使って、イラストのように「これ・それ・あれ」をペアで言う練習もできます。

2 グエンさん、それは なんですか。

 はなしてみよう 　2-3　　　　　　　　　　　　　　　　　　　　　　目安時間：10分

| これ・それ・あれ は　なんですか |

| Ｎ１ですか、Ｎ２ですか |

すずき：グエンさん、（それ）はなんですか。ノートですか、雑誌ですか。
グエン：（これ）は、ノートです。

【練習のポイント】
・これ、それ、あれを使って、何かを質問する。
・Ｎ１かＮ２か、どちらか質問する。

【教えるときの留意点】
・二人の間にある物について、Ａは「これ・それ・あれ」のどれを使って質問し、Ｂは「これ・それ・あれ」の
　どれを使って答えるのか、二人の位置から確認します。
・「あのう」と言って、質問をする前に呼びかけています。

【練習の手順】
１）イラストを見て、ノートの位置から鈴木さんは「それ」、グエンさんは「これ」と言っていることを確認。
２）①から⑤をペアで答えを考えさせる。
３）全体で答えを確認してから、コーラス。
４）ペアで練習。終わったら役割を交代して滑らかに言えるように練習。

 はなしてみよう 　2-4　　　　　　　　　　　　　　　　　　　　　　目安時間：10分

Ａ：あのう、これは　なんですか。
　　（豚肉）ですか。（鶏肉）ですか。
Ｂ：それは（豚肉）です。

【練習のポイント】
・メニューを見て、わからない料理について質問する。

【教えるときの留意点】
・ＡとＢはメニューを見ていますが、Ｂはこれらの食べ
　物にどんな材料が使われているかわかりません。漢字
　が読めなくても、メニューを指して聞けばよいことを
　説明します。

【練習の手順】

1）イラストを見て、Aはメニューを見て「これ」と聞き、Bは「それ」と言って答えていることを確認。
2）①から⑤を口慣らしとして全体でコーラス。
3）①から⑤をペアで練習。
4）終わったら役割を交代して滑らかに言えるように練習。
5）余裕があればメニューの①から⑤の料理名を読み、発音の練習。
　　例）しょうが焼き（しょうがやき）、①天婦羅蕎麦（てんぷらそば）、③穴子寿司（あなごずし）、④唐揚げ（からあげ）、⑤ネギトロ丼（ねぎとろどん）

【＋α】

・実際にメニューを使って練習することもできます。日本語での説明が難しくなってしまうこともあるので、あまり会話が広がりすぎないように注意しましょう。

3　その　本です。

 ## はなしてみよう　2-5

目安時間：10分

この・その・あのN　です

あのNを取ってください

　例）A：すみません、（　この・⦅その⦆・あの　）本を　取ってください。
　　　B：（　この・⦅これ⦆　）ですか。
　　　A：はい、（　⦅その⦆・それ　）本です。ありがとうございます。

【練習のポイント】

・「この・その・あの」を使って、取って欲しい物を示す。

【教えるときの留意点】

・机の上にいろいろな物を置いて、イラストと同じような状況を作って確認してみましょう。
・「この・その・あの」は、「これ・それ・あれ」と違って、必ず名詞と一緒に使います。×このは本です。×これ本、とならないことに注意します。
・「Nを取ってください。」は、相手に物（N）を取ってもらうときに使う表現です。

【練習の手順】

1）イラストを確認。
2）会話の流れを確認するために、教師はAを担当し、学習者一人を指名してAとBの例の会話をする。
3）①から⑤の答えをペアで考えさせる。
4）全体で答えを確認してから、全体でコーラス。
5）ペアで練習。終わったら役割を交代して滑らかに言えるように練習。

 ## はなしてみよう　2-6

目安時間：10分

A：すみません、（　この・その・あの　）（　　　　　）を取ってください。

B：（　これ・それ・あれ　）ですか。

A：はい、そうです。ありがとうございます。

【練習のポイント】

・ 2-5 で練習した会話を、実物を使って練習します。イラストのように動きをつけて練習すると、「こ・そ・あ」の違いがより分かりやすくなり、いろいろな会話が作れます。

【練習の手順】

1）いってみよう 2-5 の例の会話を実物を使って確認。

2）指示文の通り、ペアで教室にある物を使って会話を作らせる。

3）ペアで発表させ、答えを確認。

4　これは　車の　雑誌です。

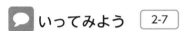 いってみよう　2-7 　　　　　　　　　　　　　目安時間：10 − 15分

N１のN２です

これは（車）の雑誌です。

【練習のポイント】

・どんな物かを「の」を使って説明する。

・「種類」「国」「言語」の助詞「の」について練習。

【教えるときの留意点】

・自由に「〜のN」を言わせると誤用も出ますが、その都度正しい答えを確認するようにしましょう。

【練習の手順】

1）実物を使って、「種類」のN、「国」のN、「言語」のNを確認。　語順に注意する。

2）車の雑誌、家の鍵など実物を見せ、どんなものがあるか自由に考えさせる。

3）「〜のN」を自由に発言させ、答えを確認する。

【＋α】

実物を使って、「はい」「いいえ」の答えが出るような会話もしてみましょう。

例）　A：それは日本語の本ですか。

　　　B：はい、日本語の本です。／いいえ、ベトナム語の本です。

きいてみよう　かいてみよう　2-8 　　　　　　　　　　　　目安時間：10分

なんのN　ですか　どこのN　ですか

A：グエンさん、それは（なん）の雑誌ですか。

B：（　車　）の　雑誌です。

Ａ：グエンさん、それは（どこ）のチョコレートですか。

Ｂ：（ベトナム）の　チョコレートです。

【練習のポイント】

・「何の」「どこの」を使って、それがどのような物か質問する。

・どんな物か答える。

【練習の手順】

１）例１、例２の会話を教師がＡ学習者がＢとなって実際にやってみて、会話の流れを確認。イラストや実物を使うとわかりやすい。

２）音声を聞いて、答えを書かせる。

　　１回目は音声を止めずに聞く。２回目以降は、学習者自身が聞き取れなかった箇所を確かめる。

３）ペアで答えを確認させる。

４）学習者ペアで答えを発表させ、板書して答えを確認。

５）ペアで練習。終わったら役割を交代して滑らかに言えるように練習。

【＋α】

・ここでは「どこ」を「国」で答えていますが、「トヨタの車です。」のように、会社名で答えることもできます。ペアで練習するときに、会社名を使って練習してもいいでしょう。

5　グエンさんの雑誌です。

 いってみよう　2-9　　　　　　　　　　　　　　　　　　　　目安時間：15分

Ｎ１のＮ２です

これは（いとうさん）の　傘です。

【練習のポイント】

・所有の助詞「の」について練習。

【教えるときの留意点】

・持ち物と持ち主の名前を組み合わせる練習です。

・名前には「〜さん」などの敬称を付けます。「×いとうの傘」とはあまり言いません。

・敬称は、「（姓）さん」が一般的ですが、主に女の子には、「（名）ちゃん」、男の子には「（名）くん」も使います。イラストの下に書いてある名前を読みながら、違いを確認しましょう。

【練習の手順】

１）イラストを見て、物の名前と人の名前を確認。

２）①から⑧のイラストの物を見て、どの人が持っているのか考え、答えを書かせる。

３）ペアで答えを確認。

４）全体で答えを確認してから、全体でコーラス。

５）ペアで滑らかに言えるように練習。

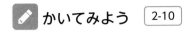 **かいてみよう** `2-10` 　　　　　　　　　　　　　　目安時間：10 − 15分

だれのN　ですか

例）　A：すみません、これは　（だれ）の（傘）ですか。
　　　B：（ヘンリーさん）の（傘）です。

【練習のポイント】
・誰の物かを質問する。
・誰の物かを答える。

【教えるときの留意点】
・答えるときには、「ヘンリーさんのです」と、名詞を省略した言い方もあることを説明します。

【練習の手順】
1）例を確認。実物やイラストを使うとわかりやすい。
2）①から⑥の物の名前を確認。
3）ペアで答えを考え、書かせる。
4）全体で答えを確認してから、コーラス。
5）ペアで練習。終わったら役割を交代して滑らかに言えるように練習。
6）身の回りの物を使って、ペアで自由に会話を練習する。

【＋α】
・今まで習った表現を使って、「あれは／それは　誰のNですか。」、「この・その・あの　Nは　誰のNですか。」
　と聞くこともできます。実物を使って会話を作らせてみましょう。

チャレンジ！

 **きいてみよう** 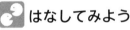 **はなしてみよう** `2-11` 　　　　　目安時間：15分

【説明のポイント】
2課で練習した学習項目を総合的に練習します。

【教えるときの留意点】
・「どうぞ」や「よかったら」のような会話表現の意図は、会話の流れから想像することも大切です。音声を聞い
　てから説明するようにしましょう

【練習の手順】
1）イラストを見て、どんな会話が展開されるかを考えさせる。
2）音声を聞いて、答えを書かせる。
　　1回目は音声を止めずに聞く。2回目以降は、学習者自身が聞き取れなかった箇所を確かめる。
3）書き取った物の名前などが正しいかどうか、全体で確認。
4）音声を聞いてリピート。音声をよく聞いて会話表現のイントネーションにも注意してリピートさせる。
5）ペアで練習。

6）一回終わったら、役割を交代して、滑らかに言えるように練習。

【＋α】
滑らかに言えるようになったら、自由に会話を作らせ、発表させてもいいでしょう。
発表するときには、実際に何か物を勧めながら発表しましょう。丁寧に物を勧めるジェスチャーも大切です。

第 3 課

コピー機はどこですか

Ⅰ、会話の留意点

学習項目の練習の前に

[聞く前の確認（p.3 会話練習の手順①）]

鈴木さんと山田さんが会社で働いていること、二人の人間関係などを母語で確認。

[聞いた後の確認（p.3 会話練習の手順③）]

質問例）・ここはどこですか。

　　　　・山田さんは鈴木さんに何と言いましたか。

　　　　・鈴木さんはこれから何をしますか。

　　　　・鈴木さんはこれからどこへ行きますか。

学習項目の練習の後に

【練習のポイント】

学習のまとめとして、もう一度、課の最初にある会話を確認し、学習項目の定着をはかる。

【教えるときの留意点】

・「～をお願いします。」と言って、山田さんは鈴木さんに仕事を頼んでいます。よく使われる表現であることを確認しましょう。

・＊＊＊の後は、場面が変わります。誰がどこにいるのか、場面を確認しましょう。

【練習の手順】

1）会話を聞く。

2）会話の内容について、習った文型を使って質問をする。

　　・コピー機はどこですか。　　　・総務部はどこですか。

　　・青山さんはどこですか。

3）もう一度音声を聞いて質問の答えを全体で確認。

4）登場人物同士の関係や会話で使われている会話表現などを確認。

5）音声を聞いて、会話文をリピート。

【＋α】

・会話文を見ないで、日本語として自然なスピードや発音で発話できるようになることを目指しましょう。この課では、どこに何があるのかを説明する練習をします。今いる場所に何があるのか実際の場所を使って、以下のような練習をするとよいでしょう。

　　・学習項目を穴あきにして、音声を聞いて書き込む練習をする。

　　・シャドーイングをする。

　　・モデル会話を暗記し、発表する。

1 ここは　営業部です。

💬 **いってみよう** 3-1   目安時間：10分

┌─────────────────────────────────────┐
│ ここ・そこ・あそこ　は　Nです（場所を示す）│
└─────────────────────────────────────┘

（　ここ　）は　受付です。

【練習のポイント】
・場所を示す指示詞「ここ・そこ・あそこ」を使って、その
　場所を説明する。

【練習の手順】
1）イラストと例文を見て、山田さんと鈴木さんは手前の受
　　付にいることを確認。
2）山田さん、鈴木さんから見て、①から⑥はどこにあるの
　　か「ここ・そこ・あそこ」を考え、書かせる。
3）答えの確認。①〜⑥まで、全体でコーラス。
　　自分が働いている会社の部署名や知っている部署名について話す。

【＋α】
・この練習で説明しているのは、日本の一般的な会社の部署名です。その部署で何をするのかは、自分で調べさ
　せ発表させてもよいでしょう。

🍃 **はなしてみよう** 3-2   目安時間：5 − 10分

【練習のポイント】
・今いる場所のどこに何があるのかを説明する。

【教えるときの留意点】
・「ここ・そこ・あそこ」を使って説明するときに、その場所を指し示すジェスチャーも大切です。
　「ここ・そこ・あそこ」の違いがわかるように、イラストのように立ち止まって説明させるようにしましょう。

【練習の手順】
1）いってみよう 3-1 のイラストの状況を確認。
2）「ここ・そこ・あそこ」を使い、今いる場所に何があるのかを説明。

2　コピー機は　どこですか。

🎧 **きいてみよう**　✏️ **かいてみよう**　[3-3]　　　　　　　　　　目安時間：15分

```
Nは　どこですか　（場所を聞く）
```

A：　（郵便局）は　どこですか。
B：　ここです。

【練習のポイント】
・行きたい所が、どこにあるかを質問する。
・地図を見て、質問された場所を「ここ」と言って示す。

【教えるときの留意点】
・２カ所を示すときは「と」を使います（④）。
・「この辺り」はだいたいの場所を示しています（⑧）。

【練習の手順】
1）イラストを確認し、会話の内容を例で確認。
2）場所の名前を語彙リストで確認。
3）音声を聞く。（　　　）に場所の名前を書くように指示。
　　１回目は音声を止めずに聞く。２回目以降は、学習者自身が聞き取れなかった箇所を確かめる。
4）表記を板書などで確認し、音声をリピート。
5）ペアで会話の練習。
6）身の回りの物を使って、ペアで自由に会話を練習する。

【＋α】
・イラストのように、実際に地図アプリを使って練習もできます。

🗣️ **はなしてみよう**　[3-4]　　　　　　　　　　目安時間：10分

A：　すみません、（卵）は　どこですか。
B：　あちらです。

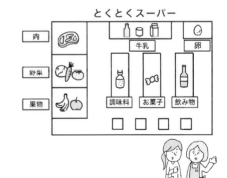

【練習のポイント】
・スーパーで欲しいものがどこにあるかを聞く。

【教えるときの留意点】
・日本のスーパーにある案内板は、[肉]、[野菜]など漢字だけの場合
　が多いです。欲しいものがどこにあるか、質問する練習をします。
・お客さんに対しては「ここ・そこ・あそこ」ではなく、丁寧に「こ
　ちら・そちら・あちら」と言うことを説明しましょう。

【練習の手順】
1）イラストを見て、会話の内容を例で確認。

２）右側にあるイラストは日本語で何というか確認。

３）全体で会話を確認し、コーラス。

４）ペアで会話の練習。

５）一回終わったら、役割を交代し練習。イラストのように、立って紹介する動作も加えながら行う。

【＋α】

実際にスーパーに行って、どのような表示があるか調べてくるなど、生活に関連した活動を取り入れてみましょう。

3 あそこに コピー機が あります

✏ かいてみよう 3-5

目安時間：10分

（場所）に　Ｎが　います・あります　（所在文・存在文）

ここに（本）が　あります。

ここに（やまださん）が　います。

【練習のポイント】

・「います」と「あります」の違いを説明する。

・その場所に何があり、誰がいるのかを「が」を使って説明する。

【教えるときの留意点】

・二つの選択肢の正しいほうに○を付けて文を作る練習です。

【練習の手順】

１）イラストにある物の名前を確認。

２）イラストを見ながら、「います」か「あります」か、全体で確認。

３）イラストを見て、例のように書く。

４）口慣らしとして全体でコーラス。

５）滑らかに言えるようにペアで練習。練習が単調にならないよう、１分で読むなど時間を決めて読ませる。

4 場所の 言葉

✏ かいてみよう 3-6

目安時間：10分

Ｎ１の（位置詞）に　Ｎ２　が　います・あります

いす の　（前）に　いぬ が　います。

【練習のポイント】

・位置詞（前・後ろ・上・下・横・中・外・間）を使って、どこに何があるのかを具体的に言う。

【教えるときの留意点】

・□には助詞、（　　）には位置詞を書きます。助詞の使い方にも注意します。

【練習の手順】

1）イラストを見ながら、□に動詞、（　）に位置詞を書く。

2）イラストを見て、例のように書く。

3）全体でコーラス。

4）滑らかに言えるようにペアで練習。練習が単調にならないよう、1分で読むなど時間を決めて読ませる。

【＋α】

・最初は混乱しないように、「います」だけで練習します。位置詞の使い方に慣れてきたら、身の回りの物を使って「あります」も混ぜて練習しましょう。

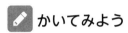 かいてみよう　 はなしてみよう　3-7　　　　　　　目安時間：10分

> N1はどこですか

> N1は　N2の（位置詞）にあります・います

A：すみません、自動販売機はどこですか。

B：自動販売機ですか。自動販売機は　あそこです。（部屋）の　（外）に　（　います・あります　）。

A：ありがとうございます。

【練習のポイント】

・位置詞と「います・あります」の使い方を確認し会話の形式で練習する。

・探している人や物がどこにいるのか、どこにあるのかを質問する。

・質問された人や物がどこにいるのか、どこにあるのかを説明する。

【練習の手順】

1）鈴木さんが山田さんに、何がどこにあるのかを質問しているというイラストの状況を確認。

2）イラストにある物や人の名前を確認。

3）ペアで答えを考えて書かせる。

4）全体で答えを確認し、口慣らしとしてコーラス。

5）ペアで会話の練習。

6）一回終わったら、役割を交代して、滑らかに言えるように練習。

【＋α】

学生や、教室内の物を使って、例と同じ会話をすることができます。まず教師が見本を示してから、自由に会話を作らせてもよいでしょう。

5 | １０枚　お願いします。

💬 いってみよう　3-8　　💬 いってみよう　3-9　　　　　　　目安時間：15分

例１）　　　　　　　例２）

～まい、～だい、～にん、～ほん、～つ（助数詞）

なんまい・なんだい・なんにん・いくつ　ですか

例１　（三つ）

例２　（２台）

【練習のポイント】

・助数詞の練習。

【教えるときの留意点】

・以下の読み方には注意をしましょう。

～にん：ひとり、ふたり、よにん

～ほん：いっぽん、さんぼん、ろっぽん、はっぽん、じゅっぽん、何ぽん

・「～つ」は九つ（ここのつ）までで、十（とお）までが和語です。通常の数字の読み方と異なることに注意して
　練習します。

【練習の手順】

１）「～まい」「～だい」で数えるものは何かをイラストなどで紹介しながら確認。

２）紙や鉛筆など実際に数えられる実物を見せ、数えながら練習。

３）疑問詞（何まい、何だい、何ほん、いくつ）を確認。

４）3-9 のイラストを見せ、「いくつですか。」「何台ですか。」と疑問詞を使って質問し、答えを確認。

５）口慣らしとして全体でコーラス。

６）ペアで、疑問詞を使った質問に答えるという練習をする。

７）一回終わったら、役割を交代して、滑らかに言えるように練習。

❓ しつもんしてみよう　3-10　　　　　　　　　　　　　　　　　目安時間：10分

Nは（疑問詞）ありますか　（数＋助数詞）あります

A：りんごはいくつありますか。

B：三つあります。

【練習のポイント】

・何がいくつあるのか質問する。

・数＋助数詞　を使った文で答える。

【教えるときの留意点】

・学習者同士で質問し合い、答えを表に書かせます。

・数字＋助数詞　あります／います、という語順に注意します。

【練習の手順】

1）イラストを見て、何があるか確認。

2）会話例を確認。

3）ペアになって、交互に適切な疑問詞を使って質問をする。答えは表に書かせる。

4）答えを全体で確認。疑問詞、助数詞が正しく使えているか、板書でも確認する。

5）滑らかに言えるように全体でコーラス。

6）ペアで練習。一回終わったら、役割を交代して、滑らかに言えるように練習。

【＋α】

学生（何人）や、教室内の物（いくつ、何本など）を使って、例と同じ会話をすることができますが、練習した助数詞以外が答えとならないよう、教師が主導で練習したほうがよいでしょう。

チャレンジ！

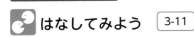 **はなしてみよう** 3-11 目安時間：15分

【説明のポイント】

3課で練習した学習項目を総合的に練習します。

【教えるときの留意点】

・位置詞と助詞、数字＋助数詞の使い方が正しいかどうか、文を書かせて確認しましょう。

【練習の手順】

1）指示文の通り、自分の部屋の図を描かせる。

2）ペアまたはグループになり、一人ずつ描いた図を使って、自分の部屋について例のように説明する。文を書かないと説明が難しい場合は、説明させる前に文を書かせてもよい。

3）クラスメイトに説明した後、自分の部屋についての文を書かせる。

【＋α】

・一人ずつ（または代表者）に前に出て説明させ、他の学習者に聞いた通りに部屋の図を描かせてもよい。

第 4 課

週末はなにをしますか

Ⅰ、会話の留意点

学習項目の練習の前に

[聞く前の確認（p.3 会話練習の手順①）]
鈴木さんと山田さんが帰る準備をしながら話している状況を確認。
[聞いた後の確認（p.3 会話練習の手順③）]
質問例）　・二人はどこにいますか。
　　　　　・（鈴木さんの本を指して）これは何ですか。
　　　　　・鈴木さんは週末何をしますか。　山田さんは何をしますか。

学習項目の練習の後に

【練習のポイント】
学習のまとめとして、もう一度、課の最初にある会話を確認し、学習項目の定着をはかる。

【教えるときの留意点】
・「すごいですね」は相手の言ったことに感心した気持ちを表す言い方です。「へえ」と一緒によく使います。気持ちを込めて練習させましょう。
・「そうですか。↘」「そうですね。」の違いに注意しましょう。「そうですか。」は相手の言っていることに少し驚いていることを表し、「そうですね。」は、相手の質問に対して少し考えていることを表しています。「そうですか。」の「そう」を強く発音していていること、「そうですね。」の「ね。」の後ろを長く発音していることに注意します。

【練習の手順】
１）会話を聞く。
２）会話の内容について、習った文型を使って質問をする。
　　　・明日は何曜日ですか。　　・鈴木さんはどこで中国語を勉強しますか。
　　　・山田さんは何をしますか。　　・誰と映画を見ますか。
３）もう一度音声を聞いて質問の答えを全体で確認。
４）登場人物同士の関係や会話で使われている表現などを確認。
５）音声を聞いて、会話文をリピート。

【+α】
・会話文を見ないで、日本語として自然なスピードや発音で発話できるようになることを目指しましょう。以下のような練習があります。
　　　・シャドーイングをする。
　　　・モデル会話を暗記し、発表する。
　　　・ペアになって、モデル会話を参考に、お互いの週末の予定について質問する。（応用練習）

1　明日は　土曜日ですね

💬 **いってみよう**　　4-1　　　　　　　　　　　　　　　　目安時間：10分

（　日にち　）は　（〜曜日）です（日付の言い方）

今日は　（月曜日）　です。

【練習のポイント】
・月、日にち、曜日の言い方を練習する。

【教えるときの留意点】
・ここでは、月、日にち、曜日を勉強しますが、一度に全て練習するのは大変ですので、次のように少しずつ練習するようにしましょう。
　4-1：曜日、「今日」「明日」「あさって」、
　4-2：月、日にちの読み方、言い方
・「明日」「あさって」は、例にある「今日は月曜日です。」を基準に考えさせます。

【練習の手順】
1）イラストのカレンダーを使って、曜日の言い方を確認。
2）例の文を読み、基準である今日が月曜日であることを確認。
3）①と②が何曜日か一緒に考え、答えをコーラス。
4）③から⑥はイラストのカレンダーを見て何曜日か一緒に考え、答えをコーラス。

【＋α】
・イラストの日にちを指し、「何曜日ですか。」と質問してみましょう。ペアで練習させてもよいでしょう。
会話例）　A：（カレンダーを指さしながら）何曜日ですか。
　　　　　B：火曜日です。

✏️ **かいてみよう**　　4-2　　　　　　　　　　　　　　　　目安時間：15分

今日は　6月（ついたち）　です。

【練習のポイント】
・月、日にちの言い方を練習する。

【教えるときの留意点】
・5課でも日付の読み方の練習があります。この課では以下の注意すべき点に重点を置くようにしましょう
月：4月（しがつ）、7月（しちがつ）、9月（くがつ）
日にち：1日〜10日、14日、19日、24日、20日、29日

【練習の手順】
1）練習の前に、1月から12月、1日から31日の言い方を確認。
2）イラストのカレンダーの例）を読み、ひらがなで書くことを確認。
3）①から⑫を一緒に口頭で確認。
4）口頭で確認した日にちをひらがなで書く。
5）ペアで確認後、板書してひらがな表記を確認。

【＋α】
・イラストの日にちを指し、「何日ですか。」と質問してみましょう。ペアで練習させてもよいでしょう。
会話例）　A：（カレンダーを指さしながら）何日ですか。
　　　　　B：18日です。

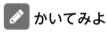 **2** 勉強します。勉強しません。

 かいてみよう 　💬 いってみよう 　4-3　　　　　　　　目安時間：15分

| Vます　Vません（動詞　ます形　肯定形・否定形） |

○　（勉強します）　×　（勉強しません）

【練習のポイント】
・動作を言い表す練習をする。
・動詞の肯定形、否定形を覚える。

【練習の手順】
1）イラストを確認し、動詞の肯定形を確認。
2）全体でコーラス。
3）動詞の否定形を確認し、同様にコーラス。
4）動詞の肯定形、否定形の形を例のように書く。
5）ペアで滑らかに言えるように練習。

【＋α】
・「はい、いいえ」で答えられる質問をペアですることもできます。最初は、教師が「はい、いいえ」のキューを出して、
　コーラスで答える練習をしてもよいでしょう。
　例）　A：勉強しますか。
　　B1：はい、勉強します。　B2：いいえ、勉強しません。

3 中国語を　勉強します。

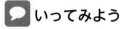 いってみよう 　4-4　　　　　　　　目安時間：10分

| Nを　Vます　（動詞文） |

（パン）を（食べます）。

【練習のポイント】
・動作の対象を「を」を使って示し、動作を言い表す。

【教えるときの留意点】
・イラストは動作の対象となる名詞です。□にある動詞と正しく結びつけて文を作らせましょう。

【練習の手順】
1）イラストにある物の名前を確認。
2）動詞の意味を語彙リストも使いながら確認。
3）例を見て①から⑦の名詞と動詞を結びつけ、文を作ることを確認。
4）①から⑦の文を作らせる。
5）学習者に文を言わせながら答えを確認。口慣らしとして全体でコーラス。
6）滑らかに言えるようにペアで練習。

【＋α】
・肯定形が滑らかに言えるようになったら、否定形で言う練習もしてみましょう。

 はなしてみよう　4-5　　　　　　　　　　　　　　　　　目安時間：10分

| Nを　Vますか　　はい、Vます　　いいえ、Vません（動詞文の疑問文） |

A：おおたさんは　サッカーをしますか。
B：いいえ、（しません）。

【練習のポイント】
・相手の行動について質問する。

【教えるときの留意点】
・答えるとき、「Nを」は言わないことを確認しましょう。
　×はい、サッカーをします。　×いいえ、アニメを見ません。
・④助詞「や」は二つ以上の名詞を並立する助詞です。多くの選択肢の中から、二つを選んだことを表しています。
　3課 3-3 で勉強した「と」との違いが分かるように、机の上のものを使って説明しましょう。
・ペアで練習するときは「おおたさん／リュウさん」の部分を相手の名前に変え、「はい／いいえ」も自分で選ん
　で練習させましょう。

【練習の手順】
1）例のやり取りを確認。例の答えは「いいえ」だが、「はい」の答え方も確認。
2）①から⑥の質問を教師がして、学習者に答えさせる。
3）全体でコーラスして答えを確認。
4）ペアで会話の①から⑥の質問をして答える。
5）一回終わったら、役割を交代して練習。

【＋α】

・「〜を」の部分を変えて練習することもできます。以下が例です。難しくなりすぎないよう注意しましょう。

例）①日本のドラマ・映画　②日本のお茶　③ラーメン・カレー　④鶏肉　⑥日本の新聞

---

4 週末は　なにを　しますか。

🔼 きいてみよう　❓ しつもんしてみよう　4-6　　　　　　　　　目安時間：10分

~は　なにを　しますか

A：週末はなにをしますか。
B：（本）を（読みます）。

【練習のポイント】

・週末の予定を質問する。

【練習の手順】

1）例の会話を読んで、会話の流れを確認。
2）音声を聞く。
　　1回目は音声を止めずに聞く。2回目以降は、学習者自身が聞き取れなかった箇所を確かめる。
3）音声を聞き、答えを板書して全体で答えを確認。
4）音声をリピート。
5）ペアで練習。終わったら役割を交代して滑らかに言えるように練習。
6）指示文の通りペアで質問させる。

【＋α】

・週末だけでなく、「明日」など他の日で質問してみてもいいでしょう。

---

5 どこで　勉強しますか。

💬 いってみよう　4-7　　　　　　　　　　　　　　　　　　目安時間：10分

（場所）で　Nを　Vます（助詞「で」）

（部屋）で（音楽）を（聞きます）。

【練習のポイント】

・助詞「で」を使って、動作の内容と場所を言う。

【教えるときの留意点】

・ここまでで習った動詞をここでしっかり復習し、覚えるようにしましょう。

【練習の手順】
1) イラストを見て何をしているか、「NをVます」の文で確認。
2) イラストの場所がどこかを確認。
3) 場所、動詞が確認できたら、「で」が動作の場所であることを説明し、「(場所) でNをVます」の文で確認。
4) ①から⑦のイラストを見ながら、全体で文を確認。
5) 口慣らしとして全体でコーラス。
6) ペアで滑らかに言えるように練習。

 **きいてみよう**  **かいてみよう** [4-8]　　　　　　　　　目安時間：15分

| どこで　Nを　Vますか |

A：グエンさん、いつも　どこで　映画を見ますか。
B：(映画館) で　見ます。

【練習のポイント】
・動作を行う場所について質問し、その答えを書く。

【教えるときの留意点】
・(　　　　) には、場所、□には助詞を書くことを確認します。
・行動の対象（Nを）を言わないことを確認します。
・「コンビニ」「スーパー」「ドラックストア」「ショッピングモール」とカタカナの言葉を書く問題があります。
　カタカナの書き取りは難しいので、Aの質問を全体で読み、それをどこでするのかを全体で話して想像させて
　から音声を聞いてもよいでしょう。
・④「うちで」は、「自分の家で」という意味です。聞いてから意味を確認しましょう。

【練習の手順】
1) 例を読んで、Aが「どこで」と言って行動の場所を質問していることを確認。
2) Bは、(映画館) でと答え、行動の場所を答えていることを確認。
3) 音声を聞いて、答えを書かせる。
　　1回目は音声を止めずに聞く。2回目以降は、学習者自身が聞き取れなかった箇所を確かめる。
4) ペアで答えを確認させる。
5) 音声を聞き、答えを板書して全体で答えを確認。
6) イントネーションに注意しながら音声をリピート。
7) ペアで練習。終わったら役割を交代して滑らかに言えるように練習。
8) 指示文の通りペアで質問させる。「～さん」と相手の名前を言ってから質問させるようにする。

6　家族と　映画を　見ます。

 **かいてみよう** [4-9]　　　　　　　　　目安時間：10分

| (人)と　Nを　Vます　(助詞「と」) |

(グエンさん) と　ゲームをします。
(　一人　) で　散歩をします。

—35—

【練習のポイント】
・助詞「と」を使って、誰と何をするのか言う。

【教えるときの留意点】
・「一人で」は、他の人と一緒ではない、という意味で、4-5 で勉強した「自分で」と意味が違うことを確認しましょう。
・③は鈴木さんが誰と昼ご飯を食べているのか、④は山田さんが誰と晩ご飯を食べているのかを答えます。⑥の解答は「友達と」ですが、自由に他の名前を書かせてもよいでしょう。

【練習の手順】
1）例のイラストを見て誰と何をしているのかを確認。
2）①から⑥のイラストを見て、一人でしているのか誰かとしているのかを確認しながら「友達」「家族」の語彙を確認。
3）答えを書かせる。
4）書いた答えを全体で確認し、コーラス。

🔊 きいてみよう ✏️ かいてみよう　4-10　　　　　目安時間：15分

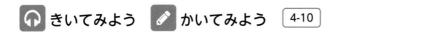

A：いつも　だれと　昼ご飯を　食べますか。
B：（たなかさん）と　食べます。

【練習のポイント】
・一緒に行動する人について質問し、その答えを書く。

【教えるときの留意点】
・（　　　）には、場所、□には助詞を書くことを聞く前に確認します。
・「だれと」、と一緒に行動する人について質問しているので、行動の対象（Nを）を言わないことを確認します。
・⑥の解答は、その行動をしないことを答えています。

【練習の手順】
1）例を読んで、一緒に昼ご飯を食べる人についての質問であることを確認。疑問詞は「誰と」を使う。
2）音声を聞いて、答えを書かせる。
　　1回目は音声を止めずに聞く。2回目以降は、学習者自身が聞き取れなかった箇所を確かめる。
3）ペアで答えを確認させる。
4）音声を聞き、板書して全体で答えを確認。
5）イントネーションに注意しながら音声をリピート。
6）ペアで練習。終わったら役割を交代して滑らかに言えるように練習。
7）指示文の通りペアで質問させる。ペアで練習をするときに、しないことについては⑥のように「私はNをVません」と答えることを確認。

チャレンジ！

🎧 きいてみよう　💬 はなしてみよう　4-11　　　　　　　　　　　　目安時間：15分

【説明のポイント】

4課で練習した学習項目を総合的に練習します。

【教えるときの留意点】

・イラストを見て、どんな状況か話してから聞きましょう。

・書く時間のポーズはありません。聞く前に文章を読ませる時間を取り、どんな内容を聞くのか想像させましょう。

・…　の後ろにポーズがあります。一度に全部聞かせるのは長いので、ここで一度音声を止めて答えを確認しましょう。

・チョウさんは、最初に「ちょっとお聞きしたいんですが」といって質問をしています。「が」の後ろは少し下がったイントネーションです。質問をするときには、このように前置きの表現を言ってから質問をすることを確認します。

・二つの「そうですか。」があり、音声のイントネーションも違います。会話の流れからどんな違いがあるのか確認しましょう。

【練習の手順】

1）イラストを確認。

2）音声を聞く前に文を読ませ、どんな会話なのか考えさせる。

3）2）で考えた会話を見ながら、音声を聞き会話の流れを確認。

4）ペアで答えを確認させる。

5）もう一度音声を聞き、答えを板書して全体で答えを確認。

6）イントネーションに注意しながら音声をリピート。

7）ペアで練習。終わったら役割を交代して滑らかに言えるように練習。

第 5 課

日本へ行きます

Ⅰ、会話の留意点

学習項目の練習の前に

[聞く前の確認（p.3 会話練習の手順①）]

Web 上の会話であることを母語で確認。グエンさんの表情や机の上の物にも注意を促す。

[聞いた後の確認（p.3 会話練習の手順③）]

質問例）・グエンさんはいつ日本へ行きますか。 日本でどこへ行きますか。

　　　　・グエンさんと鈴木さんはどこで会いますか。

学習項目の練習の後に

【練習のポイント】

学習のまとめとして、もう一度、課の最初にある会話を確認し、学習項目の定着をはかる。

【教えるときの留意点】

・何か特別なことを話すときに、「実は」とよく言います。

・「それから」という接続詞を使って、動作を順番に説明しています。

・「どうですか」は何か提案をして、相手の考えを質問するときに使います。

【練習の手順】

1）会話を聞く。

2）会話の内容について、習った文型を使って質問をする。

　　・大阪から東京まで新幹線でどのくらいですか。

　　・グエンさんはいつ日本へ行きますか。

　　・何日から何日までですか。

　　・どこへ行きますか。

3）もう一度音声を聞いて質問の答えを全体で確認。

4）登場人物同士の関係や会話で使われている会話表現などを確認。

5）音声を聞いて、会話文をリピート。

【+α】

・会話文を見ないで、日本語として自然なスピードや発音で発話できるようになることを目指しましょう。

　以下のような練習があります。

　　・シャドーイングをする。

　　・モデル会話を暗記し、発表する。

　　・モデル会話を参考に、旅行や帰省などの予定について話す。（応用練習）

1 日本へ　行きます。

💬 いってみよう 　5-1　　　　　　　　　　　　　　　　　　　　目安時間：10分

（場所）へ　行きます・来ます・帰ります　（移動を表す動詞）

大阪へ　（行きます）。

【練習のポイント】
・どこかへ移動する言い方を練習する。

【教えるときの留意点】
・この練習ではグエンさんが基準となって「行きます」「来ます」を使い分けています。グエンさんがどこにいるのかを確認しましょう。
・⑤は「自分が住んでいる家」なので「帰ります」になります。「（自分の）国へ帰ります。」と言うこともできることを確認しましょう。

【練習の手順】
1）イラストを確認。例）はグエンさんが東京から大阪へ移動しているので「行きます」となっていることを確認。
2）例と同様にグエンさんがどこにいるのか、確認しながら「行きます」「来ます」「帰ります」を確認。
3）答えを全体でコーラス。

【＋α】
・このテキストでは助詞「へ」を使っています。他の初級のテキストで「に」を使っているものもあります。質問があれば「に」でも代入可能であることを説明してもいいでしょう。

2 ８月２２日に　東京へ　行きます。

💬 いってみよう　✏️ かいてみよう 　5-2　　　　　　　　　　　　　　　目安時間：10分

１０月2日（じゅうがつ　ふつか）

【練習のポイント】
・月、日にちの言い方を復習する。

【教えるときの留意点】
・4課で勉強した注意点を確認しましょう。
　月：4月（しがつ）、7月（しちがつ）、9月（くがつ）
　日にち：1日～10日、14日、19日、24日、20日、29日

１）練習の前に、１月から１２月、１日から３１日の言い方を確認。
２）イラストのカレンダーの例）を読み、ひらがなで書くことを確認。
３）①から⑩を一緒に口頭で確認。
４）口頭で確認した日にちをひらがなで書く。
５）ペアで確認後、板書してひらがな表記を確認。

❓ しつもんしてみよう 　5-3

目安時間：10分

| Ｎは　いつですか |

Ａ：誕生日は　いつですか。

Ｂ：（　　　　　）月（　　　　　　）日です。

【練習のポイント】
・学習者同士で誕生日を質問し合う。
・自分の誕生日を言い、月日の言い方を復習する。

【教えるときの留意点】
・質問し合う練習です。「○○さん、すみません」「あのう」や、「〜ですね。」「そうですか」など今まで習った会話の表現を使いながら練習させるようにしましょう。
例）Ａ：○○さん、すみません。　○○さんの誕生日はいつですか。
　　Ｂ：○月○日です。
　　Ａ：○月○日ですね。　わかりました。

【練習の手順】
１）例の会話を確認。
２）何人かの学習者に質問し、答えさせる。
３）指示文の通り、何人かの誕生日を質問させる。
４）「〜さんの誕生日はいつですか。」と他の人の誕生日を質問し、答えを板書して全体で確認。

【＋α】
・今までの会話表現を使って、以下のように会話をさらに発展させることもできます。
Ａ：○○さん、あのう、誕生日はいつですか。
Ｂ：△月○日です。
Ａ：え、私も△月です。（「も」を使う）／△月×日ですか。（「ですか」を使って、聞き返す。）
・自分の誕生日だけでなく家族の誕生日なども聞いてもいいでしょう。

🗨 はなしてみよう 　5-4

目安時間：10分

| （日にち）に　（場所）へ　Ｖます |

Ａ：４月１２日に　なにを　しますか。

Ｂ：（銀行）へ　（行きます）。

【練習のポイント】
・助詞　日にち「に」
・いつ何をするのか、助詞「に」「と」「へ」「を」正しく使って言う。

【教えるときの留意点】
・今まで習った助詞「を」「と」「へ」も使って、一文を正しく作ります。助詞の使い方を復習しながら使い方を
　確認しましょう。
・⑥は自由に自分の予定を書かせましょう。

【練習の手順】
1）指示文を読み、何をするのか確認。
2）例を見て、助詞を□に書いて文を作ることを説明。
3）スケジュール表を見ながら文を書かせる。スケジュール帳には名詞しか書かれていないが、適切な動詞を使っ
　て文の形にする。
4）口頭と板書で答えを確認して、コーラスで口慣らし。
5）滑らかに言えるようにペアで練習。

【＋α】
・次の 5-5 では、「なに・どこ・だれ」という疑問詞を使って予定を聞く練習をします。その準備として、ここでは「○
　月○日に何をしますか。」という質問をして答える練習をしてもいいでしょう。

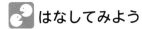 **はなしてみよう**　 5-5 　　　　　　　　　　　　　　　　　　　目安時間：15分

（時間）に　疑問詞　（なに・どこ・だれ）　助詞（を・へ・と）　Ｖますか

A：12時に　どこへ　行きますか。
B：12時に（定食屋）へ　（行きます）。

【練習のポイント】
・助詞　時間「に」
・いつ何をするのか、疑問詞「なに」「どこ」「だれ」と助詞「に」「と」「へ」「を」正しく使って質問する。
・いつ（どこで・誰と）何をするのか、予定を言う。

【教えるときの留意点】
・何について質問するかによって、どんな疑問詞と助詞を使うのか、問題文を読みながら確認しましょう。

【練習の手順】
1）指示文を読み、何をするのか確認。
2）例を見て、答え方を確認。
3）Ａは教師が質問し、学習者にスケジュール表を見ながら答えを言わせる。
　習った助詞が整理できていないようなら、答えを書く前に何度か質問と答えを口頭で繰り返す。
4）口頭と板書で答えを確認して、コーラスで口慣らし。
5）滑らかに言えるようにペアで練習。

【＋α】
・同じようなスケジュール表をそれぞれに書かせ、質問をし合う練習をしてもよいでしょう。この練習では助詞の
　使い方など細かい点に注意が必要です。正しく質問し、正しく答えているかどうかを確認するようにしましょう。

3　新幹線で　行きます。

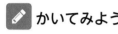 かいてみよう　 いってみよう　　5-6　　　　　　　　　目安時間：10分

（交通手段）で（場所）へ　行きます

（歩いて）×　（新宿）へ　行きます。
（電車）で　（東京駅）へ　行きます。

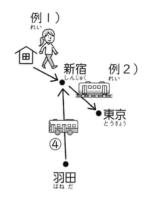

例１）

新宿
しんじゅく

例２）

東京
とうきょう

④

羽田
はねだ

【練習のポイント】
・交通手段を助詞「で」を使って示し、何で行くのかを言う。

【教えるときの留意点】
・「歩いて」は「歩いてで」とならないよう注意しましょう。

【練習の手順】
１）イラストにある交通手段の名前を確認。
２）①から④の順にどうやって行くのかを確認し、答えを書かせる。
３）答えを確認し、口慣らしとして全体でコーラス。
４）滑らかに言えるようにペアで練習。

 きいてみよう　かいてみよう　　5-7　　　　　　　　　目安時間：10分

なにで　（場所）へ　行きますか

A：なにで　大阪へ　行きますか。
B：（新幹線）で　（行きます）。

A：なにで　家へ　帰りますか。
B：（歩いて）×　（帰ります）。

⑤

羽田

福岡

鹿児島

④

③ ②

屋久島

①

上野動物園

⑧　上野

⑦

新宿

⑥

羽田

【練習のポイント】
・移動の交通手段を聞き取る。

【教えるときの留意点】
・イラストにある地名にはひらがなが書いてありません。音声を聞いて問題に答えてから地図を見て場所と読み方を確認するようにしましょう。
・小さいイラストは、「羽田」から「上野動物園」へ行くイラストです。音声を聞く前に日本地図と小さいイラストの位置関係を確認します。

【練習の手順】
１）音声では羽田から①から⑧の順に移動する方法を聞いているので、イラストを見て位置関係を確認。何で移動するのか想像させてもよい。
２）例１、例２の会話を読んで答え方を確認。
３）音声を聞いて、答えを書かせる。

1回目は音声を止めずに聞く。2回目以降は、学習者自身が聞き取れなかった箇所を確かめる。
4）音声を聞き、答えを板書して全体で答えを確認。
5）音声をリピート。
6）ペアで練習。終わったら役割を交代して滑らかに言えるように練習。

【＋α】
・日本の地名に慣れてもらうために、この問題は日本の地図を使った練習ですが、身近な場所を使って同様の質問をして答える練習をしてもよいでしょう。

4 | 8月20日から　25日までです。

🎧 きいてみよう　✏️ かいてみよう　[5-8]　　　　　　目安時間：10分

> Nは　（時間）から（時間）までです　（助詞「から」「まで」）

A：郵便局は　なん時から　なん時までですか。
B：（9時）から（5時）まで　です。

【練習のポイント】
・助詞「から」「まで」を使って、開始時間と終了時間を言う。

【教えるときの留意点】
・例）では、（9時）（5時）という表記になっていますが、正確に時間を聞き取ることが大切なので、書くときには漢字ではなく9：00、17：00　と書いてもいいです。

【練習の手順】
1）例の会話を読んで答え方を確認。
2）音声を聞いて、答えを書かせる。
　　1回目は音声を止めずに聞く。2回目以降は、学習者自身が聞き取れなかった箇所を確かめる。
3）音声を聞き、答えを板書して全体で答えを確認。
4）音声をリピート。
5）ペアで練習。終わったら役割を交代して滑らかに言えるように練習。

【＋α】
・この答えは日本の一般的な時間です。自分の国や他の国の銀行やデパートの時間を調べさせるなど、比較する活動にしてもよいでしょう。

✏️ かいてみよう　[5-9]　　　　　　目安時間：10分

> （時間）から（時間）まで　Vます　（助詞「から」「まで」）

A：なん時から　なん時まで　大学で　勉強をしますか。
B：（9時）から　（12時）まで　勉強をします。

【練習のポイント】
・助詞「から」「まで」を使って、その行動の時間の範囲を言う。

【教えるときの留意点】
・問題は、助詞「に」を使って答えるものと「から」「まで」を使って答えるものがあります。表を見ながら使い方を確認しましょう。

【練習の手順】
1）表を見て、例の質問と答えを確認。
2）表を見ながら答えを書かせる。
3）ペアで答えを読みながら確認。
4）全体で答えを確認し、口慣らしとしてコーラス。
5）ペアで滑らかに言えるように練習。

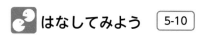 はなしてみよう　5-10 　　　　　　　　　　　　　　　　　目安時間：15分

A：いつも　なん時に　起きますか。
B：7時に　起きます。
A：それから　なにを　しますか。
B：勉強します。

A：いつも　なん時から　なん時まで　勉強しますか。
B：9時から　1時まで　勉強します。

【練習のポイント】
・どんな一日なのかスケジュールを円グラフにする。
・自分の一日のスケジュールを言う。
・クラスメイトのスケジュールを聞いて、円グラフに記入する。

【教えるときの留意点】
・ペアで相手に質問をするときには、まず「それから何をしますか。」と質問させます。その後、何時から何時までそのことをするのか質問させます。

【練習の手順】
1）自分のスケジュールを円グラフにする。
2）ペアで質問する前に、例を読んで質問の形を確認。
3）指示文の通りペアで練習し、相手のスケジュールを円グラフにする。
4）お互いにスケジュール（円グラフ）を見せ合い、正しく聞き取れたか確認する。

5 大阪から 東京まで どのくらいですか。

🔊 **きいてみよう** ✏️ **かいてみよう** `5-11`　　　　　　　　目安時間：10分

| どのくらいですか （程度や量の疑問詞） | （時間）ぐらいです （時間の程度） |

A：大阪まで 新幹線で どのくらいですか。

B：（2時間半）ぐらいです。

【練習のポイント】
・「どのくらい」を使って移動の時間を質問し、かかる時間を言う。

【教えるときの留意点】
・ここでは「どのくらい」をつかって、時間の程度を質問していますが、金額の程度も「どのくらい」で質問することができます。`5-12`でその違いを練習します。
・実際の会話では、「どのくらい」「どのぐらい」「～くらい」「～ぐらい」が使われますが、このテキストでは疑問詞は「どのくらい」、それ以外は「～ぐらい」で統一しています。
・音声を聞く前に「2時」と「2時間」の違いを確認して言い方を練習しておきましょう。
・⑧は音声がありません。⑦まで聞いてから、学習者の家からここまでどのくらいかを質問しましょう。

【練習の手順】
1）例を読んで、質問の意味と答え方を確認。
2）音声を聞いて、答えを書かせる。
　　1回目は音声を止めずに聞く。
　　2回目以降は、学習者自身が聞き取れなかった箇所を確かめる。
3）音声を聞き、答えを板書して全体で答えを確認。
4）音声をリピート。
5）ペアで練習する前に⑧の質問を全体で確認。
6）ペアで練習。終わったら役割を交代して
　　滑らかに言えるように練習。

【+α】
・イラストに「中央線（ちゅうおうせん）」「山手線（やまてせん）」、質問に「快速」「各停」と電車に関する特別な言葉がでてきます。時間があればそれぞれどんなものか調べて発表させてもよいでしょう。

🔊 **さいてみよう** ✏️ **かいてみよう** `5-12`　　　　　　　　目安時間：15分

| どのくらい かかりますか | いくらぐらいですか |

A：すみません、ここから 鎌倉まで どのくらい かかりますか。

B：（電車）で （1時間）ぐらいです。

A：いくらぐらいですか。

B：（800円）ぐらいです。

【練習のポイント】
・かかる時間を質問し、答える。
・かかる金額を質問し、答える。

【教えるときの留意点】
・「いくら」は金額を尋ねる疑問詞です。「いくらぐらい」で金額の程度を質問していますが、「どのくらい」で質問することもできます
・音声を聞く前に「2時」と「2時間」の違いを確認して言い方を練習しておきましょう。

【練習の手順】
1）例を読んで、質問と答え方を確認。
2）音声を聞いて、答えを書かせる。
　　1回目は音声を止めずに聞く。2回目以降は、学習者自身が聞き取れなかった箇所を確かめる。
3）ペアで答えを確認させる。
4）音声を聞き、答えを板書して全体で答えを確認。
5）イントネーションに注意しながら音声をリピート。
6）ペアで練習。終わったら役割を交代して滑らかに言えるように練習。

6 東京で　グエンさんと　会いたいです。

かいてみよう　[5-13]　　　　　　　　　　　　　　　　目安時間：10分

| Nが　Vます　たいです | | Nが　欲しいです |

（　お寿司　）が　食べたいです。
（　パソコン　）が　欲しいです。

【練習のポイント】
・欲しいもの、したいことについて言う。

【教えるときの留意点】
・欲しいもの、したいことの対象は「が」を使って表すことに注意しましょう。

【練習の手順】
1）イラストを見て、したいことと欲しいものを言うことを確認。
2）①から⑧のイラストを見て、したいこと、欲しいものを書く。
3）ペアで答えを確認。
4）書いた答えを全体で確認し、コーラス。

❓ しつもんしてみよう　[5-14]　　　　　　　　　　　　　　　目安時間：10分

| なにが　欲しいですか | | なにが　したいですか |

（　　　）さん、今　なにが　欲しいですか。　なにが　したいですか。

【練習のポイント】
・欲しいもの、したいことについてクラスメイト数人に質問し、答えを表に記入する。

【教えるときの留意点】
・「お客様はどんな服が欲しいですか。」「私のケーキ、食べたいですか。」のように、主語に目上の人やあまり親しくない人がくるときや、質問者に関係する事柄について話すときは、相手の欲求を直接聞かないことを確認しておきましょう。
・「～さんはＶたいです。」と他の人の欲求は言わないので、そのような文を言わせないよう質問の答えは確認しません。

【練習の手順】
1）　指示文の通り、クラスメイトに質問をさせる。
2）　3人に質問をして答えを書く。答えは「Ｎが欲しいです。」「ＮがＶたいです。」と文の形で書くように指示。

チャレンジ！

📖 **よんでみよう**　　✏️ **かいてみよう**　　5-15　　　　　　　　目安時間：15分

【説明のポイント】
5課で練習した学習項目を総合的に練習します。

【教えるときの留意点】
・例は日本ですが、自由に学習者の好きな場所について書いて構いません。まとまった文を書くのが難しい場合は、まずスケジュール表を作り例のように手順に従って少しづつ書かせましょう。
・「100万円あったら」「1か月休みがあったら」など条件をつけて書かせてもいいでしょう。

【練習の手順】
1）例文を読ませる。
2）例文の意味を一文ずつ確認する。
3）表の「私」の列に、例のように行き先や交通手段を書かせる。
4）例文を参考に文を書かせる。書けないようであれば以下の質問をして、質問に答える形で文を書かせる。
質問例）どこへ行きたいですか。　何で行きますか。
　　　　ここからそこまでどのくらいですか。
　　　　そこで何がしたいですか。
　　　　誰と行きたいですか。
5）書いた文を2－3人のグループで読み合わせる。

【＋α】
・グループで一番良かった作文を板書させてクラス内でいくつか共有してもよいでしょう。

第 6 課

私の町は静かです

Ⅰ、会話の留意点

学習項目の練習の前に

[聞く前の確認（p.3 会話練習の手順①）]

Web 上の会話であることを母語で確認。「出身地」の意味を確認。

・あなたの（学習者自身）の出身地はどんなところですか。

[聞いた後の確認（p.3 会話練習の手順③）]

質問例）・グエンさん／鈴木さんの出身はどこですか。どんなところですか。

学習項目の練習の後に

【練習のポイント】

学習のまとめとして、もう一度、課の最初にある会話を確認し、学習項目の定着をはかる。

【教えるときの留意点】

・鈴木さんは「私の町は京都市じゃありません」と言っているので、鈴木さんの出身地は「京都市以外の町」です。
　都道府県、市町村の違いも簡単に説明しておきましょう。

【練習の手順】

1）会話を聞く。

2）会話の内容について、習った文型を使って質問をする。

　　・グエンさん／鈴木さんの出身はどこですか。

　　・鈴木さんの町は京都市ですか。

　　・鈴木さんの町はどんな町ですか。

3）もう一度音声を聞いて質問の答えを全員で確認。

4）登場人物同士の関係や会話で使われている会話表現などを確認。

5）音声を聞いて、会話文をリピート。

【＋α】

・会話文を見ないで、日本語として自然なスピードや発音で発話できるようになることを目指しましょう。
　以下のような練習があります。

　　・シャドーイングをする。

　　・モデル会話を暗記し、発表する。

　　・モデル会話を参考に、自分の出身地について話す。（応用練習）

1 　私の　町は　ハノイの　北(場所)に　あります。

💬 いってみよう 　6-1　　　　　　　　　　　　　　　　　　目安時間：10分

| （場所）は　Nの（場所を表す名詞）に　あります |

例）ホテルは　駅の　（南）に　あります。

【練習のポイント】
・町の中で行きたい場所がどこにあるのか説明する。

【練習の手順】
1）イラストを見て、「銀行」「郵便局」「コンビニ」など場所の名前を確認。
2）例のように、その場所がどこにあるのかを習った場所の言葉を使って説明させる。
3）答えを一つずつ確認し、全体でコーラス。
4）ペアで滑らかに言えるように練習。

🎧 きいてみよう　　✏️ かいてみよう 　6-2　　　　　　　　目安時間：15分

A：すみません、コンビニは　どこにありますか。
B：(駅)の　（横)に　ありますよ。

【練習のポイント】
・行きたい場所がどこにあるのか質問し、
どこにあるか説明する。

【教えるときの留意点】
・どこに何があるのかを聞き取ってから、
　79ページの（　　）に数字を書き込み、
　場所を正しく理解しているか確認します。
・Bは「駅の横にありますよ。」と、終助詞「よ」を使っています。相手が知らないことを教えるときに使う助詞であり、
　目上の人に使うときには注意が必要であることを説明しましょう。

【練習の手順】
1）男の人が女の人に駅で道を聞いている状況を確認。
2）例の会話を読んで答え方を確認。
3）音声を聞いて、答えを書かせる。
　　1回目は音声を止めずに聞く。2回目以降は、学習者自身が聞き取れなかった箇所を確かめる。
4）音声を聞き、答えを板書して全体で答えを確認。
5）79ページのイラストの（　　）に番号を書く。
6）ペアで読み合いながら答えを確認。終わったら役割を交代して滑らかに言えるように練習。

・滑らかに言えるようになったら、Bが79ページのイラストと番号を見て、場所を説明する練習もできます。

2 京都は 有名な 町です。

✏️ かいてみよう 💬 はなしてみよう 6-3　　　　　　　　目安時間：10分

| N1は いA／なA N2です |

京都は （古い）町です。
京都は （有名な）町です。

【練習のポイント】
・い形容詞、な形容詞の練習。
・形容詞を使って、どんな物か説明する。

【教えるときの留意点】
・選択肢から形容詞を選んで文を書きます。名詞を修飾するときのい形容詞とな形容詞の形の違いに注意を促しましょう。
・解答以外の答えが出てきたときは、東京や富士山を正しく説明しているのかを確認しましょう。

【練習の手順】
１）富士山や東京などについて、知っていることを自由に話させる。
２）選択肢の形容詞の意味を確認。
３）①から⑦の（　　　）に形容詞を書かせる。
４）口頭で答えを確認。出てきた答えは板書して正しく説明しているのかを確認。

・①〜⑦は日本の有名な町や場所について説明させる練習ですが、「〜は」を、自国の有名な山、町、花、お菓子にして練習させましょう。

🔊 きいてみよう ✏️ かいてみよう 6-4　　　　　　　　目安時間：15分

| N1はどんなN2ですか |

A：やまださんは　どんな　先輩ですか。
B：（優しい）先輩です。

【練習のポイント】
・どんな人／物なのかを質問し、答える。

【教えるときの留意点】
・疑問詞「どんな」は、「どんなNですか。」と名詞の前に付き、答えは名詞文で答えます。
・⑥「方（かた）」は、「人」の丁寧な言い方であることを確認しましょう。
・人について話す場合、「高い人」「低い人」のような誤用に注意しましょう。

【練習の手順】

1）例を読んで「どんな」を使って質問し、形容詞を使って答えていることを確認。
2）音声を聞いて、答えを書かせる。
　　1回目は音声を止めずに聞く。2回目以降は、学習者自身が聞き取れなかった箇所を確かめる。
3）答えを板書して全体で答えを確認。
4）ペアで滑らかに言えるように練習
5）指示文の通り、自分の町、友達などについて話させる。

3 私の町は　静かです。私の　町は　大きいです。

✏️ **かいてみよう** [6-5]　　　　　　　　　　　　　　　　　　　　　　目安時間：10分

| Nは　いＡ・なＡ　です（形容詞文） |

a　この本は　（新しい）です。
b　この本は　（古い）です。

【練習のポイント】
・反対の意味になる形容詞の練習。
・形容詞を使って、人や物の様子を説明する。

【教えるときの留意点】
・⑤「きれいな」⑥「易しい」が、[6-3]「桜はきれいな花です。」[6-4]「優しい先輩です。」と意味が異なることを確認しましょう。

【練習の手順】
1）例のように二つのイラストを見て、反対の意味になる形容詞を書かせる。
2）答えを確認し、口慣らしとして全体でコーラス。
3）滑らかに言えるようにペアで練習。

🎧 **きいてみよう** ✏️ **かいてみよう** [6-6]　　　　　　　　　　　　目安時間：15分

| いＡくないです　なＡじゃありません（形容詞否定の形） |

A：日本語の　勉強は　（難しい）ですか。
B：(はい)・いいえ)、（難しいです）。
A：ひらがなは　（難しいです）か。
B：（はい・(いいえ))、（難しくないです）。

【練習のポイント】
・形容詞の否定の形を練習する。

【教えるときの留意点】
・い形容詞、な形容詞の否定形の練習をしながら、今まで習った形容詞をしっかり覚えるようにしましょう。

【練習の手順】
1）例1、例2の会話を読んで答え方を確認。
2）音声を聞いて、答えを書かせる。
　　1回目は音声を止めずに聞く。2回目以降は、学習者自身が聞き取れなかった箇所を確かめる。
3）音声を聞き、答えを板書して全体で答えを確認。
4）音声をリピート。
5）ペアで練習。終わったら役割を交代して滑らかに言えるように練習。
6）指示文の通り、クラスメイトと会話練習。④「さとうさん」は相手の名前に変えさせる。

4　私の　町は　緑が　多いです。

かいてみよう　6-7

目安時間：10分

NＩは　N2が　いA・なA　です（～は～が文）

京都は　（お寺）が　（多いです）。

【練習のポイント】
・あるトピックについて、「～は～が文」で説明する。

【教えるときの留意点】
・話題になっているものを「N1は」を使って示し、その一部を「N2が」を使って示しています。助詞の使い方も確認しましょう。

【練習の手順】
1）例を見て、答え方を確認。
2）表にある言葉の意味を確認し、答えを書かせる。
3）答えを確認し、口慣らしとして全体でコーラス。
4）滑らかに言えるようにペアで練習。

はなしてみよう　6-8

目安時間：10分

【練習のポイント】
・自分の身近な物について、「～は～が文」で説明する。

【練習の手順】
1）文が書けるように、今まで習った形容詞を言わせて板書しておく。
2）板書の形容詞を見ながら、文を書かせる。
3）ペアまたはグループで、書いた文を読ませて確認。
4）ペアまたはグループで出た答えを発表させ、内容を共有。

5	でも、私の　町は　京都市じゃありません。 私の　町も　静かです。そして、緑が　多いです。

✏️ **かいてみよう**　6-9　　　　　　　　　　　　　　　　　　　　目安時間：10分

> そして、でも （順接、逆説の接続詞）

富士山は　有名です。　（そして）、高いです。

私の　アパートは　広いです。（でも）、古いです。

【練習のポイント】
・接続詞「そして」「でも」を使って、あるトピックについて詳しく説明する。

【教えるときの留意点】
・形容詞の意味を正しく理解していないと接続詞も正しく使えません。一文ずつ意味を確認させましょう。

【練習の手順】
1）例を読んで、質問の意味と答え方を確認。
2）ペアで問題を読みながら、解答を書かせる。
3）答えを全体で確認し、コーラスで口慣らし。
4）ペアで滑らかに言えるように練習。

【＋α】
・答えとは反対の接続詞を入れ、次の文を考えさせてもよいでしょう。

🎧 **きいてみよう**　✏️ **かいてみよう**　6-10　　　　　　　　　　　目安時間：15分

> どうですか

Ａ：日本の　食べ物は　どうですか。
Ｂ：（おいしいです）。（そして・でも）、（高い）ですね。

【練習のポイント】
・あるトピックについて質問し、それがどんなものか答える。

【教えるときの留意点】
・疑問詞「どうですか」で質問されたときは、形容詞文で答えます。疑問詞「どんな」は、名詞文で答えます。（ 6-4 参照）違いを確認しましょう。

【練習の手順】
1）例を読んで、質問と答え方を確認。
2）音声を聞いて、答えを書かせる。
　　　1回目は音声を止めずに聞く。2回目以降は、学習者自身が聞き取れなかった箇所を確かめる。
3）ペアで答えを確認させる。

4）音声を聞き、答えを板書して全体で答えを確認。

5）イントネーションに注意しながら音声をリピート。

6）ペアで練習。終わったら役割を交代して滑らかに言えるように練習。

7）指示文の通り、ペアで質問をする。

 チャレンジ！

 **よんでみよう** **はなしてみよう** `6-11` 目安時間：15分

【説明のポイント】

6課で練習した学習項目を総合的に練習。

【教えるときの留意点】

・この課で習った形容詞を、「〜は〜が文」を使って復習します。助詞の使い方にも注意しましょう。

【練習の手順】

1）A、Bの文を読ませる。

2）指示文の通り、どんな学校なのか例）①〜⑥の質問をしながら答えさせる。

3）口頭で答えを確認してから、答えを表に書かせる。

 はなしてみよう `6-12` 目安時間：10分

【教えるときの留意点】

・学習者同士でお互いが知らないことについて話をさせましょう。

・たくさん文を書かせるのは負担が大きく、話すときにも時間がとられてしまうので、手順1）の時に、①〜⑥の中から3つの質問に答える文章を書くように指示するなど、書かせる内容を指定してもよいでしょう。

【練習の手順】

1）チャレンジ `6-11` のA、Bのように、どんな学校なのか書かせる。

すぐに書けないようであれば、表の質問をして答えを書かせるように進めてもよい。（留意点参照）

2）ペアで書いたメモを見ながらどんな学校か話し合わせる。

3）話した内容について、何人かに発表させる。発表させるときに全て話すのは難しいので、以下のように一文だけ言わせる。

例）○○さんの学校は（ 宿題が多いです ）。でも（ 先生が優しいです ）。

○○さんの学校は（ 新しいです ）。そして（ 教室が広いです ）。

【＋α】

・話した内容を書かせてもよいでしょう。書かせるときには、「でも」「そして」の接続詞を使うように指示します。

第 7 課

お好み焼きを食べました

Ⅰ、会話の留意点

学習項目の練習の前に

[聞く前の確認（p.3 会話練習の手順①）]

第5課の会話を思い出させる。グエンさんと鈴木さんが今実際に会っていることを確認し、どこにいるのか、何を話しているのかを想像させる。

[聞いた後の確認（p.3 会話練習の手順③）]

質問例）・グエンさんはどこから来ましたか。　・二人は東京で何を食べますか。

　　　　・（母語で）大阪はどうでしたか。　グエンさんは大阪で何をしましたか。

学習項目の練習の後に

【練習のポイント】

学習のまとめとして、もう一度、課の最初にある会話を確認し、学習項目の定着をはかる。

【教えるときの留意点】

・「こっち」「そっち」「あっち」は友達や家族など親しい人同士の日常的な場面でよく使われます。「ここ」「そこ」「あそこ」と同じ意味です。

・この会話ではわからなかった言葉をいろいろな方法で聞き返しています。

　「もん？」と聞き取れなかった言葉を途中まで言って聞き返しています。

　「もんじゃって何ですか。」と、「もんじゃ」について聞いています。「Nって何ですか。」はわからない言葉について聞く便利な表現であることを説明しましょう。

・「おいしいですから」、理由「から」は8課の学習項目です。ここでは「理由」であることだけ説明します。

【練習の手順】

1）会話を聞く。

2）会話の内容について、習った文型を使って質問をする。

　　・大阪はどうでしたか。　・ハノイは暑かったですか。

　　・グエンさんは大阪で何を食べましたか。　・グエンさんと鈴木さんはこれから何を食べますか。

3）もう一度音声を聞いて質問の答えを全体で確認。

4）登場人物同士の関係や会話で使われている会話表現などを確認。

5）音声を聞いて、会話文をリピート。

【＋α】

・会話文を見ないで、日本語として自然なスピードや発音で発話できるようになることを目指しましょう。

　以下のような練習があります。

　　・学習項目を穴あきにして、音声を聞いて書き込む練習をする。

　　・シャドーイングをする。

　　・モデル会話を暗記し、発表する。

1 お好み焼を 食べました。

💬 いってみよう 🔼 きいてみよう 　7-1　　　　　　　目安時間：10分

　　Ｖました（動詞　過去の形）

昨日、日本語を（勉強しました）。

【練習のポイント】
・過去に何をしたのかを言う。

【教えるときの留意点】
・5課で日にち＋「に」（1日に）、時間＋「に」（10時に）の言い方を勉強しました。この課では、昨日、おととい、など時を表す言葉がでてきますが、「に」を使わないことを確認しましょう。

【練習の手順】
1）イラストを見て、何をしているか、動詞ます形、非過去を確認。
2）①から⑧過去の時を表す言葉の意味を確認。
3）イラストを見て、例のように文で言う。
4）音声を聞いて答えを確認。
5）音声をリピート。

【＋α】
・4課で「何をしますか。」という疑問文を勉強しています。①から⑧について、①「おととい何をしましたか。」②「けさ、何時に起きましたか。」など過去の行動について、ペアで質問し合う練習もしましょう。

🔼 きいてみよう 🔵 はなしてみよう 　7-2　　　　　　　目安時間：15分

　　Ｖませんでした（動詞　過去否定の形）

A：日曜日、日本語を勉強しました。
B：そうですか。私は（勉強しませんでした）。

A：日曜日、日本語を 勉強しました。
B：そうですか。私も（勉強しました）。

【練習のポイント】
・動詞否定形過去の形を練習する。

【教えるときの留意点】
・Bは、したこと、しなかったことによって「私は」と「私も」を使い分けています。助詞の使い方に注意しましょう。
・「そうですか。」のイントネーションが答えの内容によって違います。音声をリピートするときにイントネーショ

ンにも注意を向けましょう。

【練習の手順】
1）動詞の否定の形を 7-1 の動詞を使って練習し確認。
2）例１、例２の会話を読んで答え方を確認。
3）音声を聞く。
　　１回目は音声を止めずに聞く。２回目以降は、学習者自身が聞き取れなかった箇所を確かめる。
4）音声を聞き、答えを板書して全体で答えを確認。
5）音声をリピート。
6）ペアで読み合う。終わったら役割を交代して滑らかに言えるように練習。

【＋α】
・学習者に「昨日したこと」を 7-1 7-2 で練習した文を参考に書かせ、ペアで 7-2 と同じ会話の練習をする
　こともできます。

2　おいしかったです。

✏️ **かいてみよう** 💬 **いってみよう** 7-3　　　　　　　　　　　　　　目安時間：10分

い Ａ／な Ａ／N　過去

大きいです　　（大きかったです）
元気です　　（元気でした）

【練習のポイント】
・い形容詞、な形容詞、名詞の過去の形。

【練習の手順】
1）い形容詞、な形容詞、名詞、それぞれの過去の形を確認。
2）過去の形を書かせる。
3）答えを言わせ、板書して確認。
4）滑らかに言えるように練習。練習が単調にならないよう１分で言うなど時間を決めて練習させる。

【＋α】
・読み合うだけでなく、ペアで一人が①から⑮の非過去の形を言い、ペアの相手は過去の形にする練習もしてみ
　ましょう。

✏️ **かいてみよう** 7-4　　　　　　　　　　　　　　　　　　　　目安時間：10分

い Ａかったです／な Ａ・N でした（形容詞・名詞　過去の形）

大阪は（暑かったです）。
大阪駅前は（にぎやかでした）。

【練習のポイント】
・どんな様子だったのか過去の出来事について言う。

【練習の手順】
１）イラストを見て、グエンさんが鈴木さんに大阪へ行ったときの話をしていることを確認。
２）例と選択肢の形容詞を読み、答え方を確認。
３）答えを書かせる。
４）①から⑥を読ませ、答えを板書して確認。
５）ペアで滑らかに言えるように練習。

【＋α】
・学習者に今までに行ったところを聞き、その場所について 7-4 で練習した文を参考に書かせ、ペアで読み合う練習をすることもできます。

3 あまり 暑くなかったです。

 はなしてみよう 7-5   目安時間：10分

> あまり い Ａ くなかったです／な Ａ・Ｎ じゃありませんでした （形容詞・名詞 過去否定の形）

A：あのレストランの 料理は おいしかったですか。
B：いいえ、（おいしくなかったです）。

【練習のポイント】
・形容詞、名詞の過去の否定の形の練習。
・「あまり」を使って、否定の程度を表す。

【教えるときの留意点】
・イラストから、期待とは違う意味で否定形を使っていることを確認しましょう。

【練習の手順】
１）例とイラストを見て、二人の会話の状況と答え方を確認。
２）ペアで会話を考えさせる。
３）全体で答えを確認し、口慣らしでコーラス。
４）滑らかに言えるようにペアで練習。

【＋α】
・学習者が実際に食事をした場所についての会話を作らせることもできます。 7-5 の会話が参考にできるようトピックは食事をする場所に限定したほうがよいでしょう。

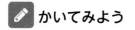 かいてみよう  はなしてみよう 7-6   目安時間：15分

昨日の 映画・おもしろいです・はい
A：（昨日の 映画） は （おもしろかったですか）。

B：（はい）、（おもしろかったです）。

映画館・にぎやか・いいえ、あまり
A：（映画館）は（にぎやかでしたか）。
B：（いいえ）、（あまり　にぎやかじゃありませんでした）。

【練習のポイント】
・過去の出来事について質問し、答える練習。

【練習の手順】
1）例1、例2の会話を読んで答え方を確認。
2）ペアで会話を考え、書かせる。
3）全体で答えを確認し、口慣らしでコーラス。
4）滑らかに言えるようにペアで練習。

【＋α】
・同じトピック（例、〜の試験、試験の点、週末、など）で会話をしてもよいでしょう。

4　どうでしたか。

 はなしてみよう　7-7　　　　　　　　　　　　　　　　　　　目安時間：10分

どうでしたか

とても・おいしい
A：昨日、初めて　お寿司を食べました。
B：へえ、（どうでしたか）。
A：（とても　おいしかったです）。

【練習のポイント】
・相手が話した過去の出来事について質問する。
　「とても」「あまり」を使って、程度を説明する。

【教えるときの留意点】
・「へえ」と相づちを打ったり、「どうでしたか」と質問したりすることによって、相手の話に興味を持って聞いていることを表しています。

【練習の手順】
1）例の会話を読んで答え方を確認。
2）ペアで会話を考えさせる。
3）全体で答えを確認し、口慣らしでコーラス。
4）滑らかに言えるようにペアで練習。

【＋α】
・（　　　）の部分を昨日の出来事にして、ペアで自由に会話をすることもできます。
例）A：昨日、（映画を見ました）。
　　B：へえ、どうでしたか。
　　A：とても、おもしろかったですよ。

5　日本は　ベトナムより　暑いですね。

🎧 きいてみよう　✏️ かいてみよう　[7-8]　　　　　　　　　　　目安時間：10分

| N1 は N2 より（いA ／ なA）（比較） |

スカイツリー|は|　東京タワー|より|　（高いです）。

【練習のポイント】
・Ｎ１とＮ２を比べて説明する。

【教えるときの留意点】
・この文は、Ｎ１について説明しています。「は」を使って文のトピックを示していることを説明しましょう。語順に注意しましょう。

【練習の手順】
1）イラストを見て二つの物を比較していることを確認。違いを想像させるやり取りをしてもよい。
2）例を読んで、答え方を確認。
3）音声を聞いて、答えを書かせる。
　　1回目は音声を止めずに聞く。2回目以降は、学習者自身が聞き取れなかった箇所を確かめる。
4）ペアで答えを確認させる。
5）音声を聞き、答えを板書して全体で答えを確認。
6）音声をリピート。

✏️ かいてみよう　[7-9]　　　　　　　　　　　目安時間：10 − 15分

（Macau Tower）は（東京タワー）より（高いです）。

【練習のポイント】
・自分の知っているもの、自国の物について他と比較して説明する。

【教えるときの留意点】
・「（　　　）は、」の部分は、クラス内で内容が確認できるように、学習者がよく知っている場所や有名な物などをあらかじめいくつか提示したほうがよいでしょう。

【練習の手順】
1）指示文と選択肢の形容詞を読み、文を作らせる。
2）どんな文ができたのかペアで確認。

３）発表して内容を共有。

また、次のようなグループでの活動にすることもできます。
１）２－３人のグループを作り、グループごとに異なるトピックをあたえる。
２）各グループでそのトピックについて、選択肢の形容詞を使ってできるだけたくさんの文を作らせる。
３）グループの代表者が発表して内容を共有。

【＋α】
・共有された文や今まで習った表現（場所を表す表現、そして・でもなどの接続詞）を使って、文を作ることも
　できます。

6　東京では　もんじゃを　食べましょう。

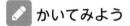 かいてみよう　 はなしてみよう　7-10　　　　　　　目安時間：10分

> Vます　ましょう（誘い）

A：大阪で　お好み焼きを食べました。
B：じゃ、　東京では　もんじゃを　（食べましょう）。

【練習のポイント】
・相手の話を聞き、それについて何か勧めたり、誘ったりする。

【教えるときの留意点】
・Bは「じゃ」と言って、Aの言ったことに理解を示してから何かを勧めていることを説明しましょう。
・⑤「何か」9課で勉強します。ここでは意味だけ確認しましょう。

【練習の手順】
１）例の会話を読んで答え方を確認。
２）選択肢の動詞から、ペアで会話を考え、（　　）に書かせる。
３）全体で答えを確認し、口慣らしでコーラス。
４）滑らかに言えるようにペアで練習。

【＋α】
・①、⑤、⑥は、次のようにペアで自由に会話をすることもできます。
例）⑤　A：来週　（ファム）さんの誕生日ですよ。　（　）クラスメイトの名前を使う。
　　　　B：じゃ、（　ケーキを買いましょう　）。

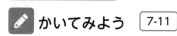

かいてみよう　7-11

目安時間：10分

【説明のポイント】
7課で練習した学習項目を総合的に練習。

【教えるときの留意点】
・過去の出来事について説明します。次に「はなしてみよう」でクラスメイトと話し合う活動があります。お互い興味を持って話ができるように、「初めてしたこと」や「珍しい出来事」などを書かせるようにするとよいでしょう。

【練習の手順】
1）表を見て、どんなことを記入するのかを確認。
2）指示文の通り、自分の過去の出来事を記入。

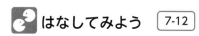

はなしてみよう　7-12

目安時間：10分

【教えるときの留意点】
・終助詞「ね」「よ」、会話表現「へえ」「そうですか。」「じゃ」など、この課で出てきた表現を復習してから会話練習をするとよいでしょう。
・Aから会話を始め、Bは興味を持って聞き、質問するように会話をさせましょう。

【練習の手順】
1）例を読んで、会話の流れを確認。
2）Aから会話が始められるように、少し準備の時間を与える。
3）会話表現も使うように注意を促し、ペアで会話の練習。

第 8 課

お寿司が好きです

I、会話の留意点

学習項目の練習の前に

[聞く前の確認（p.3 会話練習の手順①）]

グエンさんと鈴木さんが浅草で観光している状況を説明し、日本で何が食べたいのか想像してもらう。

[聞いた後の確認（p.3 会話練習の手順③）]

質問例）・浅草はどんなところですか。

・グエンさんはお寿司が好きですか。どうしてですか。

・これから何をしますか。

学習項目の練習の後に

【練習のポイント】

学習のまとめとして、もう一度、課の最初にある会話を確認し、学習項目の定着をはかる。

【教えるときの留意点】

・「わあ」といって、グエンさんは驚いています。

・「おなかがすきました。」は定型表現として覚えるように説明しましょう。

・「ベトナムにも」、助詞「も」は他の助詞と一緒に使うことができることを説明しましょう。

例）スーパーでもトイレットペーパーを買います。　（助詞「で」）

　　会社の先輩とも昼ご飯を食べます。（助詞「と」）

【練習の手順】

1）会話を聞く。

2）会話の内容について、習った文型を使って質問をする。

・グエンさんと鈴木さんはこれから何をしますか。

・グエンさんは、お寿司とてんぷらとどちらが好きですか。どうしてですか。

・ベトナムにも回転寿司がありますか。

・鈴木さんはどうして驚きましたか。

3）もう一度音声を聞いて質問の答えを全体で確認。

4）登場人物同士の関係や会話で使われている会話表現などを確認。

5）音声を聞いて、会話文をリピート。

【＋α】

・会話文を見ないで、日本語として自然なスピードや発音で発話できるようになることを目指しましょう。

　以下のような練習があります。

・シャドーイングをする。

・モデル会話を暗記し、発表する。

・ペアになって、モデル会話を参考に、お互いの好きな食べ物や自国の珍しい食べ物などについて話す。（応用練習）

1 　昼ご飯を　食べませんか。

🗣 はなしてみよう　[8-1]　　　　　　　　　　　　　　　　　　　目安時間：10分

| Ｖます　ませんか（誘い） |

A：一緒に（バスケットボールを　し　）ませんか。
B：いいですね。

【練習のポイント】
・勧誘表現の練習。

【教えるときの留意点】
・7課　「東京ではもんじゃを食べましょう。」と「Ｖます　ましょう」という形で誘いの表現を勉強しましたが、「Ｖましょう」は、「Ｖませんか」より強い表現であり、「Ｖませんか」は、その誘いを受けるかどうか相手の意向を聞く表現であるという違いを確認しましょう。
・①から③は誘いを受ける表現、④から⑥は断る表現です。断る表現として他に「すみません。」もあります。
・③「そうですね。」と誘いを受けていますが、「いいですね。」と比べて積極的ではありません。イラストの表情、文脈から意味を確認しましょう。

【練習の手順】
1）イラストを見て、左の男性は何に誘っているのかを確認。
2）①から③で、誘いを受ける会話を全体で確認、口慣らしでコーラス。
3）④から⑥で、誘いを断る会話を全体で確認、口慣らしでコーラス。
4）ペアで滑らかに言えるように練習。

【＋α】
・ペアで自由に誘い合う練習もできます。この表現は相手の意向を聞く表現なので、どうするのか必ず返事をさせましょう。また、「Ｖましょう」との違いを確認するために、以下のような会話で練習することもできます。
例）A：〜さん、いっしょにバスケットボールしませんか。
　　B：いいですね。しましょう。

🎧 きいてみよう　**✏ かいてみよう**　[8-2]　　　　　　　　　　　　目安時間：15分

【練習のポイント】
・誘いを受けるときの会話を聞き、書き取る。

【教えるときの留意点】
・誘いの表現は、誘いを受けてからどうするのかという会話の展開があることを会話から確認します。
・今まで習った助詞の使い方を確認しましょう。

【練習の手順】

1）イラストを見て会話の状況をイメージさせる。

2）音声を止めずに聞く。この時点で全部答えが書けなくてもよい。

3）聞き取れた内容を質問しながら確認。

4）もう一度聞く前に、やり取りからわかった答えを書かせ、学習者自身で聞き取れなかった箇所を確かめさせる。

5）音声を聞き、答えを板書して全体で答えを確認。特に「Vましょう」との違いに注意する。

6）音声をリピート。

7）8-3 の練習がスムーズにできるようペアで読み合う。

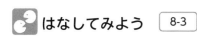 はなしてみよう 8-3　　　　　　　目安時間：10分

【練習のポイント】

・クラスメイトを誘う会話の練習をする。

【教えるときの留意点】

・今まで習った会話の表現が正しく使えているかどうか、会話を作る前に、8-2 の会話を読みながら確認しましょう。 例）「いいですね。」「そうですねえ。」「あの、」「よかったら」「じゃ」

【練習の手順】

1）イラストを見て、それが何かを考えさせる。

2）イラストから、どこへ行きたいか、そこで何がしたいのか誘う状況を考えさせる。

3）指示文の通り、8-2 の会話を参考に話す内容を考えて、会話する。

4）発表させ内容を共有。

2　お寿司が　好きです。

✏️ かいてみよう 8-4　　　　　　　目安時間：10分

| Nが　好きです・嫌いです |

私は（ねこ）が好きです。

私は（ビール）があまり好きじゃありません。

私は（カラオケ）が嫌いです。

【練習のポイント】

・好きな物、嫌いな物を書く。

【教えるときの留意点】

・「好きな」「嫌いな」は、な形容詞なので否定の形は「好きじゃありません。」となることを確認しましょう。

・対象は「を」ではなく「が」で示します。

【練習の手順】

1）好きな物、嫌いな物を二つずつ書かせる。

2）ペアで読み合い内容を共有。

🎧 きいてみよう　✏️ かいてみよう　8-5

目安時間：15分

| どんなNが　好きですか |

A：さとうさんは　どんな（スポーツ）が好きですか。

B：私は　（サッカー）が好きです。

【練習のポイント】
・あるジャンルの中で好きなものを特定して言う。

【教えるときの留意点】
・「どんなNが好きですか。」という質問に対し、「きれいなNが好きです。」「形容詞N」でも答えることができますが、この練習では「Nが好きです。」と「好きなもの」に限定した答え方で練習します。

【練習の手順】
1）例の会話を読んで答え方を確認。
2）音声を聞いて、答えを書かせる。
　　1回目は音声を止めずに聞く。2回目以降は、学習者自身が聞き取れなかった箇所を確かめる。
3）音声を聞き、答えを板書して全体で答えを確認。
4）音声をリピート。
5）8-6の練習がスムーズにできるようペアで読み合う。

❓ しつもんしてみよう　8-6

目安時間：10分

【練習のポイント】
・好きな物を質問し、表に記入する。

【教えるときの留意点】
・言葉が難しくなりすぎないよう、8-5で練習したジャンルに限定して練習します。
・質問されたジャンルに興味がない場合の答え方も確認しておきます。　例）私はお酒を飲みません。

【練習の手順】
1）8-5のイラストを見て、そのジャンルにどんなものがあるのかを確認。
2）二人に質問をし、答えを表に記入させる。

<table>
<tr><td>**3**</td><td>お寿司と　天ぷらと　どちらが　好きですか。
天ぷらのほうが　好きです。</td></tr>
</table>

✏️ **かいてみよう**　🎧 **きいてみよう**　[8-7]　　　　　　　　　目安時間：10分

N1と　N2と　どちらが好きですか

（N1/N2）のほうが　好きです

A　：（天ぷら）と（お寿司）と　どちらが　好きですか。

B1：そうですねえ。　（天ぷら）のほうが　好きです。

B2：私は（どちらも）好きです。

【練習のポイント】
・二つの物を比較して好きなほうを聞き取り、書く。

【教えるときの留意点】
・「どちら」と二つの物を比較する疑問詞で聞かれたときには、「Nのほうが」と「ほう」を使って一方を特定して答えます。
・「どちらも」の後ろは、「どちらも好きです。」「どちらも好きじゃありません。」と肯定、否定どちらの形も使えることを確認しましょう。

【練習の手順】
1）例とイラストを見て、二人の会話の状況と答え方を確認。
2）イラストを見て、質問文Aの（　　）に言葉を書かせる。
3）音声を聞いて、2）で書いたAの言葉を確認し、Bの答えを書かせる。
　　1回目は音声を止めずに聞く。2回目以降は、学習者自身が聞き取れなかった箇所を確かめる。
4）音声を聞き、答えを板書して全体で答えを確認。
5）音声をリピート。
6）ペアで読み合いながら答えを確認。終わったら役割を交代して滑らかに言えるように練習。

【＋α】
・⑤以外の問題は、ペアで自分の答えを言う練習をしましょう。

🗣 **はなしてみよう**　[8-8]　　　　　　　　　　　　　　目安時間：15分

例）近い
A：ステーションホテルと富士旅館とどちらが駅から（近い）ですか。
B：（ステーションホテル）のほうが（近いです）。

【練習のポイント】
・二つの物を比較してどちらがどのような点でいいのか質問する。

【練習の手順】
1）　表を見てどんなホテル、旅館なのかを考えさせ、「㎡」「築」などの言葉も確認。
2）　例の会話を読んで答え方を確認し、ペアで質問させる。
3）　全体で答えを確認。⑤の答えは自分で自由に書いてよい。

【＋α】
・旅行のホームページなど見て、行きたい旅館やホテルを調べて、ペアで行きたい所を比較する練習もできます。

4　安いですから、　よく　行きます。

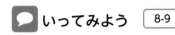 いってみよう　8-9　　　　　　　　　　　　　　目安時間：10分

［文１］から、［文２］（理由）

寝坊をしましたから、遅刻しました。

【練習のポイント】
・理由「から」を使って、文をつなげる。

【教えるときの留意点】
・理由を述べる［文１］が前、その結果の行動が後ろという文の順番に注意しましょう。
・理由を聞く疑問詞「どうして」を紹介しておきましょう。

【練習の手順】
1）例を読んで答え方を確認。
2）指示文の通り、文を線でつなげさせる。
3）全体で答えを確認し、口慣らしでコーラス。

【＋α】
・右側の文を自由に考え、文を作らせる練習もできます。ただ、難しい場合は先に 8-10 の練習をしてからするとよいでしょう。
例）寝坊をしましたから、（朝ごはんを食べませんでした）。

📖 よんでみよう　8-10　　　　　　　　　　　　　　目安時間：10分

明日、テストがありますから、今晩（勉強します・勉強しません）。

【練習のポイント】
・理由を述べる文を作る。

【練習の手順】
1）例を読んで、答え方を確認。
2）文を読み、答えを選ばせる。
3）答えを確認。口慣らしとしてコーラス。

4）⑨⑩の文を参考に、 8-8 の表を見てステーションホテルと富士旅館とどちらがいいか理由を述べる文を書かせる。

5）書かせた文をペアで読み合い内容を共有。

5 回転鍋も　ありますよ。え！　鍋ですか？

🎧 きいてみよう　✏️ かいてみよう　8-11　　　　　　　　　　目安時間：10分

Nですか？　（驚き）

A：ベトナムにも　回転鍋が　ありますよ。
B：え！　鍋ですか？

【練習のポイント】
・驚きの表現を練習する。

【教えるときの留意点】
・驚きの意味を表す「か」と疑問の「か」のイントネーションの違いを音声を聞いて確認するようにしましょう。
・今までに練習した終助詞（「よ」「ね」「か」）も聞き取ります。音声をリピートし、使い方に注意を促しましょう。
・④「大阪へ行きますが、」の「が」は前置きの意味であることを確認しましょう。

【練習の手順】
1）例を読んで、答え方を確認。
2）音声を止めずに聞いて、答えを書かせる。
3）ペアで答えを確認させる。
4）イントネーションに注意して音声を聞き、全体で答えを確認。
5）音声をリピート。

【＋α】
・イントネーションに注意を促すために、音声をシャドーイングして覚える時間を取り、発表する練習もよいでしょう。
・①と②の会話を参考に自由に会話を作らせることもできます。

チャレンジ！

✏️ かいてみよう　🎧 きいてみよう　8-12　　　　　　　　　　目安時間：10分

【説明のポイント】
8課で練習した学習項目を総合的に練習。

【教えるときの留意点】
・「居酒屋」「イタリアン」など、日本の外食に関する言葉が出てきます。会話のイメージを膨らますためにどんなところなのか、写真などを見せて説明するとよいでしょう。

【練習の手順】

1）A、Bのカードを読ませ、それぞれがどんなところか全体で確認。

2）指示文の通り、会話文を完成させる。

3）ペアで読み合いながら答えを確認。

4）音声を聞いて、正しい答えを確認。

5）音声をリピート。

 はなしてみよう 　8-13　　　　　　　　　　　　　　　　　　　　　　　目安時間：10分

【教えるときの留意点】

・この課で習った文型を復習させるために、話すときに使いやすい文型を提示しておくとよいでしょう。

　例）Ｎ１とＮ２とどちらが〜ですか。　　Ｎ１／Ｎ２　のほうが〜です。

　　　［文１］から、［文２］。

・話し合わせる前に、クラスメイトや先生などの誕生日会をする、などといった設定を決めておくと話しやすいでしょう。

【練習の手順】

1）　8-12　のカードをもう一度読ませる。

2）会話がスムーズに始められるように、少し準備の時間を与える。

3）ペアで会話の練習。

第9課 花火大会がありました

Ⅰ、会話の留意点

学習項目の練習の前に

[聞く前の確認（p.3 会話練習の手順①)]

山田さんと鈴木さんの会社での会話。二人の表情に注目し、どんな話をしているか想像させる。

[聞いた後の確認（p.3 会話練習の手順③)]

質問例）・鈴木さんはどこへ行きましたか。何をしましたか。

　　　　・山田さんの出身はどこですか。今年はいなかへ帰りましたか。

学習項目の練習の後に

【練習のポイント】

学習のまとめとして、もう一度、課の最初にある会話を確認し、学習項目の定着をはかる。

【教えるときの留意点】

・「グエンさんからのお土産です。」、「から」「の」の使い方を以下のような例文を示しながら確認しましょう。

例）山田さんからのメールです。／母からのプレゼントです。／10時からの会議です。

【練習の手順】

1）会話を聞く。

2）会話の内容について、習った文型を使って質問をする。

　　・鈴木さんは夏休み、どこかへ行きましたか。

　　・どうして横浜へ行きましたか。 浅草へ何をしに行きましたか。

　　・山田さんはどこかへ行きましたか。

　　・いなかへ帰りましたか。 どうして帰りませんでしたか。

3）もう一度音声を聞いて質問の答えを全体で確認。

4）登場人物同士の関係や会話で使われている会話表現などを確認。

5）音声を聞いて、会話文をリピート。

【＋α】

・会話文を見ないで、日本語として自然なスピードや発音で発話できるようになることを目指しましょう。

　以下のような練習があります。

　　・シャドーイングをする。

　　・モデル会話を暗記し、発表する。

　　・モデル会話を参考に、休日にしたことなどについて話す。（応用練習）

1

どこかへ　行きましたか。
いいえ、どこへも　行きませんでした。

✐ **かいてみよう**　🗣 **はなしてみよう**　9-1　　　　　　　　目安時間：10分

> どこか　なにか　　どこへも／なにも　Ⅴません

Ａ：週末　どこかへ　行きましたか。
Ｂ１：いいえ、（どこへも　行きませんでした）。
Ｂ２：はい、（長崎へ　行きました）。

Ａ：週末　なにか　しましたか。
Ｂ１：いいえ、（なにも　しませんでした）。
Ｂ２：はい、（映画を　見ました）。

【練習のポイント】
・「どこか」「何か」を使って、相手の行動について質問する。

【教えるときの留意点】
・不特定の物について述べる表現「何か」＋名詞は、 7-10 ⑤「何かプレゼントを買いましょう。」で練習したこ
　とを復習しましょう。
・③、④、⑥は、イラストを見て、自由に答えを考えさせます。⑥は、その場所でしたいことも自由に書かせます。
・「どこかへ」「何か」と「どこへ」「何を」との違いは練習の前に説明しておきます。

【練習の手順】
１）例１）、例２）を読み、答え方を確認。
２）答えを書かせる。
３）全体で答えを確認し、⑥は自由に書かせた答えを全体で共有。
４）ペアで滑らかに言えるように練習。

2　**横浜で　花火大会が　ありました。**

✐ **かいてみよう**　🗣 **はなしてみよう**　9-2　　　　　　　　目安時間：10分

> （場所）で　Ｎ（イベント）が　あります

Ａ：昨日、花火大会が　ありました。
Ｂ：どこ で　（ありましたか）。
Ａ：　横浜 で　（ありました）。

【練習のポイント】
・イベントがどこであるのかを言う。

【教えるときの留意点】
・「あそこにコピー機があります。(第3課会話)」助詞「に」と「で」の違いに注目させましょう。
・時を表す名詞（昨日、来年など）を復習し、過去／非過去の違いにも注意を促しましょう。

【練習の手順】
1）例文を読み、答え方を確認。
2）答えを書かせる。
3）答えを確認し、ペアで滑らかに言えるように練習。

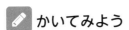 きいてみよう ✏ かいてみよう ┌ 9-3 ┐   目安時間：15分

A：横浜[で] 花火大会が あります。
　　一緒に行きませんか。
B：いいですね。いつですか。
A：(8月1日) です。

【練習のポイント】
・イベントがいつあるのかを聞き取る。

【教えるときの留意点】
・□に書く助詞は、今までに習った助詞です。理解できているかどうか確認し、間違った箇所は復習させるよう
　にしましょう。

【練習の手順】
1）イラストを見て、ポスターを見て会話をしている状況を確認し、例の会話を読んで答え方を確認。
2）音声を聞いて、答えを書かせる。
　　1回目は音声を止めずに聞く。2回目以降は、学習者自身が聞き取れなかった箇所を確かめる。
3）音声を聞き、答えを板書して全体で答えを確認。
4）音声をリピート。

【＋α】
・イントネーションに注意を促すために、音声をシャドーイングして覚える時間を取り、発表する練習もよいでしょ
　う。
・イラストのように、実際にあるイベントのポスターなどを使って参考に自由に会話を作らせることもできます。

3　浅草へ　もんじゃを　食べに　行きました。

✏ かいてみよう　💬 いってみよう　9-4

目安時間：10分

| （場所）へ　Nを　Vます　に　行きます（目的「に」） |

| （場所）へ　Nに　行きます |

コンビニ［へ］　お金を　（下ろし）［に］　行きます。
山［へ］（キャンプ）［に］　行きます。

【練習のポイント】
・目的の「に」を使って、その場所へ行く目的を表す練習。

【練習の手順】
1）例とイラストを見て、答え方を確認。
2）吹き出しの中のイラストの動詞を確認。
3）文を書かせる。
4）書かせた文を読ませ、答えを確認。

【＋α】
・イラストにある場所で、他にどんな目的で行くか自由に話させてもよいでしょう。

✏ かいてみよう　🗣 はなしてみよう　9-5

目安時間：15分

A：　夏休み、どこへ　行きますか。
B：　北海道は　どうですか。
A：　いいですね。北海道へ　（くまを　見）［に］　行きたいです。

【練習のポイント】
・旅行に行き、そこで何がしたいのかを言う。

【教えるときの留意点】
・イラストでは「北海道」と「沖縄」でしたいことが描かれています。　練習の前に北海道と沖縄の写真などを見せて、
　どんなことをしたいのか自由に話をさせてイメージを膨らませましょう。
・「どうですか。」と言って、場所を提案しています。会話の練習の前に、意味を確認しましょう。

【練習の手順】
1）北海道と沖縄で何がしたいのか、イラストを見て動詞を確認。
2）例の会話を読んで答え方を確認し、ペアで会話を考えさせる。
3）全体で答えを確認し、口慣らしとしてコーラス。
4）滑らかに言えるようにペアで練習。
5）指示文の通り、他に行きたい場所についてペアで話す練習。

4　毎年　いなかへ　帰ります。

 かいてみよう 🗨 **はなしてみよう** 〔9-6〕 目安時間：10分

いつも・時々・あまり・全然（頻度を表す副詞）

A：いつも、朝ご飯は　なにを　食べますか。
B：(パンを食べます。　ご飯は　あまり　食べません）。

【練習のポイント】
・頻度を表す副詞を使って、日常生活について書く。

【教えるときの留意点】
・⑥⑦「毎朝」「毎晩」など「毎〜」の語彙を確認しておきましょう。
・例「ご飯はあまり食べません。」と、否定の答えのときは「は」を使っていることを確認しましょう。

【練習の手順】
1）例と指示文を読んで答え方を確認。
2）表の「松本さん」の欄を見て、例のように①〜⑦の（　　）に文を書かせる。表の「私」「（　　）さん」の
　　空欄は次の〔9-7〕で使用するのでここでは何も書かない。
3）ペアで読み合い、答えを確認。
4）全体で答えを確認。

❓ **しつもんしてみよう** 〔9-7〕 目安時間：15分

【練習のポイント】
・頻度を表す副詞を使って、日常生活について質問し、聞いた答えを書く。

【教えるときの留意点】
・ペアで活動する際なるべく相手を見て質問ができるよう、表には例のように答えのポイントとなる言葉だけを
　書かせるようにしましょう。

【練習の手順】
1）指示文の通り、表の「私」の欄に自分の答えを書く。
2）ペアで質問し、聞いた答えを表の「（　　）さん」の欄に書かせる。

【＋α】
・時間があれば、聞いた内容を発表させてもよい。

5 帰りたかったです。

🔊 きいてみよう　✏ かいてみよう　`9-8`　　　　目安時間：10分

| Ｖます たかったです　（後悔） |

A：スキーをしましたか。

B：いいえ。（したかったです）。残念です。

【練習のポイント】
・できなかったことについて、残念な気持ちを表した表現を聞き取り、書く。

【教えるときの留意点】
・例とイラストを見て、「おいしかったです。」と言ったときの表情と、「したかったです。」と言ったときの表情から、発話の意図の違いを確認しましょう。
・①の「いかは食べましたか。」「ラーメンは食べました。」のように、 特に聞きたいこと、言いたいことについて「は」を使って取り立てて表しています。 「を」との違いを確認しましょう。

【練習の手順】
１）例を読んで、答え方を確認。
２）音声を聞いて、答えを書く。
　　１回目は音声を止めずに聞く。２回目以降は、学習者自身が聞き取れなかった箇所を確かめる。
３）ペアで答えを確認させる。
４）音声を聞き、答えを板書して全体で答えを確認。
５）音声をリピート。特にイントネーションに注意を促し練習。

【＋α】
・イントネーションに注意を促すために、音声をシャドーイングして覚える時間を取り、発表する練習もよいでしょう。

6 山田さんの　ご出身は　北海道でしたね。

✏ かいてみよう　💬 はなしてみよう　`9-9`　　　　目安時間：10分

A：ご出身は　どこ（ですか）。

B：北海道です。

A：ご出身は　北海道（でしたね）。

B：はい、そうです。

—76—

【練習のポイント】
・既知の情報を確認する。

【教えるときの留意点】
・「Nでした」と過去の形式になっていますが、過去の出来事を表しているのではなく、「すでに知っている事実」であることを確認しましょう。

【練習の手順】
1）例文を読み、答え方を確認。
2）答えを書かせる。
3）答えを確認し、ペアで滑らかに言えるようになるよう練習。

🎧 きいてみよう　9-10

【練習のポイント】
・会話を聞き、すでに何をしたのか、これから何をするのかを聞き取る。

【教えるときの留意点】
・まとまった内容の聴解問題はこれが初めてです。　音声を聞く前に問題の選択肢を読む時間を与えましょう。
・過去の出来事なのか、これからすることの確認なのか、という点に注意を促し答えを確認するようにしましょう。

【練習の手順】
1）指示文を読み、答え方を確認。
2）選択肢を読ませる。
3）音声を聞く。
4）答えを確認してから、もう一度音声を聞く。

【スクリプト】
①
男（A）：来週の金曜日は休みでしたね。
女（B）：そうですね。どこかへ行きますか。
男（A）：そうですねぇ。日光へ行きたいですね。
女（B）：いいですね、日光へ忍者を見に行きたいです。

②
女（A）：これ、どうぞ。
男（B）：ありがとうございます。あ、広島のお土産ですね。
　　　　　あ、山口さんの出身は広島でしたね。
女（A）：はい。
男（B）：広島はかきが有名ですね。
女（A）：ええ、とてもおいしかったです。
男（B）：いいですね。私も食べたいです。

③
男（A）：会議は１１時からでしたね。

女（B）：はい、そうです。１２時までです。

男（A）：会議室は？

女（B）：えーと、D会議室です。

男（A）：ありがとうございます。あ、すみません。これ、コピー、お願いします。

女（B）：はい、わかりました。何枚ですか。

男（A）：２０枚お願いします。

チャレンジ！

📖 よんでみよう　9-11

目安時間：10分

【説明のポイント】

9課で練習した学習項目を総合的に練習。

【教えるときの留意点】

・文にある言葉はここまでに習った言葉しかありません。最初は語彙リストや辞書を見せずに読ませましょう。

・①から⑤の質問の答えは、次の「かいてみよう」　9-12 の練習につながるように、文で書かせましょう。

【練習の手順】

１）指示文の通り、質問①から⑤に答えさせる

２）答えを板書させ、全体で答えを確認。

✏️ かいてみよう　9-12

目安時間：10分

【教えるときの留意点】

・ 9-11 の文を参考に、「私の休みの日」を書きます。「楽しかったです。」などの感想が述べられるように、書く前に、特に思い出に残った休みの日についてクラス内で自由に話し合わせ、書く内容のイメージを膨らませましょう。

・読みやすい文になるように、接続詞「でも」「それから」も使うよう、使い方を確認しましょう。

【練習の手順】

１） 9-11 の文をもう一度読ませる。

２）文を書かせる。書けないようであれば、①から⑤の質問に答えるような形で書かせる。

　　どこへも行っていない場合もあるが、文を書きやすくするため過去の思い出やフィクションでもよいこととする。

　　例）　①どうして〜へ行きましたか。

　　　　　②何で〜へ行きましたか。

　　　　　③〜までどのくらいかかりましたか。

　　　　　④〜で何をしましたか。　誰としましたか。　どうでしたか。

　　　　　⑤何を食べましたか。　どうでしたか。

【＋α】

・書けた作文をペアやグループで読ませたり、代表者に板書させたりして、内容を共有してもよいでしょう。

第 10 課

ちょっと待ってください

I、会話の留意点

学習項目の練習の前に

[聞く前の確認（p.3 会話練習の手順①）]

web上の会話であることを確認し、鈴木さんの表情、グエンさんの行動と表情からイラストの状況を話し合い、二人の会話を予想させる。　机の上に何があるか、どんな本かをヒントにする。

[聞いた後の確認（p.3 会話練習の手順③）]

質問例）・グエンさんはどうして日本語を勉強していますか。

　　　　・鈴木さんはどこで働きたいですか。

学習項目の練習の後に

【練習のポイント】

学習のまとめとして、もう一度、課の最初にある会話を確認し、学習項目の定着をはかる。

【教えるときの留意点】

・「お世話になりました。」はとてもよく使われるあいさつです。「～では、お世話になりました。」と言って感謝の気持ちを述べることを確認しましょう。

・「この前」の「前」は位置ではなく、時間であることを確認しましょう。ここでは二人が日本で会ったときのことを言っています。

【練習の手順】

1）会話を聞く。

2）会話の内容について、習った文型を使って質問をする。

　　・鈴木さんはどうして「ちょっと待ってください」と言いましたか。

　　・グエンさんは何で日本語を勉強しましたか。

　　・どうしてもっと日本語が上手になりたいですか。

　　・鈴木さんも日本で働きたいですか。

3）もう一度音声を聞いて質問の答えを全員で確認。

4）登場人物同士の関係や会話で使われている会話表現などを確認。

5）音声を聞いて、会話文をリピート。

【＋α】

・会話文を見ないで、日本語として自然なスピードや発音で発話できるようになることを目指しましょう。

　以下のような練習があります。

　　・シャドーイングをする。

　　・モデル会話を暗記し、発表する。

　　・モデル会話を参考に、日本語を勉強した理由などについて話す。（応用練習）

1 て形

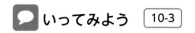 いってみよう　10-1
目安時間：10分

動詞のグループ分け

【練習のポイント】
・動詞を3グループに分ける。(このテキストでは、Ⅰグループ、Ⅱグループ、Ⅲグループという名称を使用。)

【教えるときの留意点】
・Ⅱグループの例外は繰り返し確認するようにしましょう。(10課では「います」「見ます」「降ります」「着ます」)

【練習の手順】
1）説明文を読み、動詞のグループ分けのルールを確認。
2）今まで習った動詞を言わせ、それらのグループを個々に確認。
3）フラッシュカードなどを見せ、グループを言わせ繰り返し練習。

かいてみよう　10-2
目安時間：10分

【練習のポイント】
・動詞を3グループに分ける。

【教えるときの留意点】
・乗ります、着ます、降ります、などこの課で初めて習う語彙も含まれています。混乱しないように習った語彙から練習しましょう。

【練習の手順】
1）今まで習った動詞を選択肢の中から選ばせ、それらのグループを確認。
2）指示文の通りグループ分けをする。
3）板書して確認。

【＋α】
・ペアやグループで、一人が四角の中の動詞を指さし、他の学習者がグループを言う、という練習もできます。すぐにグループが判断できることが大事なので、時間を決める、速さを競わせるなどするとよいでしょう。

いってみよう　10-3
目安時間：10分

Ｖて

【練習のポイント】
・て形の練習。

【教えるときの留意点】
・ここで初めて動詞の活用の練習をし、この課ではて形の文型を繰り返し練習します。て形の変換練習は1回だけでなく、この課が終わったらもう一度練習させ、初めて練習したときよりも滑らかに言え、間違いなく書けるようになっているか、学習者自身で振り返りをさせましょう。

【練習の手順】
1）動詞のグループを確認。
2）10-2 で書いた動詞を使い、Ⅲグループ、Ⅱグループのて形を確認。
3）10-2 で書いた動詞から、Ⅰグループのルールを確認。
4）フラッシュカードなどを使い、て形を言わせる変換練習。

✏ かいてみよう 10-4   目安時間：10分

書きます（書いて）

【練習のポイント】
・て形を書く。

【教えるときの留意点】
・10-3 で、て形を「言う」練習をしていますが、ここでは「書く」練習です。促音、濁音に注意を促しましょう。

【練習の手順】
1）①から⑮の動詞のグループを確認。
2）て形を書かせる。
3）板書して答えを確認。

【＋α】
・ペアやグループに動詞の文字カードを配り、変換練習をさせることもできます。すぐにて形に変換できることが大事なので、時間を決めるなど、速さを競わせるなどするとよいでしょう。

2 ちょっと　待ってください。

⬆ きいてみよう ✏ かいてみよう 10-5   目安時間：10分

Ｖて　ください

（書いて）ください。

【練習のポイント】
・「Ｖてください」の形を聞き取り書く。

【教えるときの留意点】
・「Ｖてください。」という文型をここでは勉強しますが、指示が何であるか正しく聞き取ることが大切です。正確に書き取るよう注意を促しましょう。

【練習の手順】

1）例文を読み、て形を書くことを確認。

2）音声を聞き、ポーズの間に聞き取った言葉を書く。

3）板書をさせてから、もう一度音声を聞き答えを確認。

 10-6　　　　　　　　　　　　　　　　　目安時間：15分

> Ｖて　ください　（指示・依頼・勧め）

（聞いて）ください。

【練習のポイント】

・指示や依頼などの内容を考え、書く。

【教えるときの留意点】

・この練習は、イラストの状況から何と言われているのか想像させ、「かいてみよう」から始めます。

・①から③は指示、④から⑥は依頼、⑦から⑨は勧めの意味です。イラストで状況を確認し、イントネーションは音声をよく聞き、意味の確認をするようにしましょう。

【練習の手順】

1）イラストを見て状況を確認。

2）何と言っているのか書かせる。

3）音声を聞いて答えを確認。

4）板書して表記を確認。

【＋α】

・誰が誰に指示依頼しているのか、イラストの状況を演じさせてもいいでしょう。

⑩ きいてみよう　✏ かいてみよう　10-7　　　　　　　　　目安時間：15分

【練習のポイント】

・会話を聞き取り、指示や依頼の内容を書く。

【教えるときの留意点】

・②Bは「持ちますね。」や「持っていきますね。」と言って、申し出をしていることを確認しましょう。

・誰が何をするのかを会話を聞いてから確認しましょう。

【練習の手順】

1）イラストを見て状況を確認。

2）音声を聞き、何と言ったか書き取る。

　　1回目は音声を止めずに聞く。2回目以降は、学習者自身が聞き取れなかった箇所を確かめる。

3）板書して答えを確認。

4）音声をリピート。

5）ペアで滑らかに言えるように練習。

3 ズボンを　履いています。
_は

🎧 きいてみよう　✏️ かいてみよう　[10-8]　　　　　　　　目安時間：10分

> Ｖて　います　（動作の継続）

（書いて）います。

【練習のポイント】
・「Ｖています」の形を聞き取り、書く。

【練習の手順】
1）例文を読み、て形を書くことを確認。
2）音声を聞き、ポーズの間に聞き取った言葉を書く。
3）板書をさせてから、もう一度音声を聞き、答えを確認。

【＋α】
・音声をリピートさせて発音を確認する練習もできます。

✏️ かいてみよう　🗣 はなしてみよう　[10-9]　　　　　　　　目安時間：15分

Ａ：やまださんは？
Ｂ：あそこです。よしかわさんと（話しています）。

【練習のポイント】
・話題の人物の進行中の動作を言う。

【練習の手順】
1）例の会話を読んで答え方を確認。
2）イラストを見て、ペアで会話を書かせる。
3）全体で答えを確認し、口慣らしでコーラス。
4）滑らかに言えるようにペアで練習。

【＋α】
・以下の手順で、クラス内で例と同じ会話をすることもできます。
1）（　　　　　）を（　　　　　　　　て／で）います。と書いたカードを配り、自由に動作を書かせる。
2）教師が「（学習者Ａ）さんは？」と学習者Ｂに聞く。
3）Ａはカードに書いた動作をし、Ｂはその動作を見て「あそこです。（～をＶています。）」の文を言う。
4）Ｂの説明が正しいかどうか、Ａはカードを見せて全体で確認。

4 上手に なりました。

✏️ **かいてみよう** 10-10 　　　　　　　　　　　　　目安時間：10分

> い A 〈 なりました／ な A・N に なりました（変化）

日本語が（上手に）なりました。

【練習のポイント】
・変化の結果を説明する。

【教えるときの留意点】
・ここでは「なりました」と過去の形で、変化の結果を説明します。「明日は寒くなります。」など、非過去の形で、
　これからの変化について説明する表現は、１５課で「どうなると思いますか。」と推測の表現と一緒に勉強します。
　混乱しないように、使い方を限定して練習しましょう。

【練習の手順】
１）イラストを確認。
２）四角の中のから適当な言葉を選び、例のように文を作らせる。
３）板書して、全体で答えを確認。

🎧 **きいてみよう** ✏️ **かいてみよう** 10-11 　　　　　　　　　　　目安時間：10分

【練習のポイント】
・会話を聞き、町の変化について書き取る。

【教えるときの留意点】
・イラストにある「前のうち」は「以前住んでいたうち」、「今のうち」は「今住んでいるうち」という意味であ
ることを音声を聞く前に確認しましょう。

【練習の手順】
１）イラストを見て状況を確認。
２）音声を聞き、何と言ったか書き取る。
　　１回目は音声を止めずに聞く。２回目以降は、学習者自身が聞き取れなかった箇所を確かめる。
３）板書して答えを確認。
４）音声をリピート。
５）ペアで滑らかに言えるように練習。

【＋α】
・会話を読んで、Ａは今の生活についてどう思っているのか話し合わせてもよいでしょう。

5 この 本で 勉強しました。

✏️ かいてみよう [10-12]   目安時間：10分

Nで Vます（助詞「で」手段・方法）

A：どうやって 日本語を 勉強しましたか。
B：この（アプリ）で 勉強しました。

【練習のポイント】
・動作の手段、方法の「で」を使って言う。
・手段や方法を質問するときは「どうやって」と「なんで」どちらも使えることを確認しましょう。

【練習の手順】
1）例を読んで、答え方を確認。
2）イラストを見て答えを書かせる。
3）板書して答えを確認。

【＋α】
・①から③は自分の勉強方法を答える練習、④から⑥は他の食べ物の食べ方を答える練習をペアですることもできます。

🎧 きいてみよう ✏️ かいてみよう [10-13]   目安時間：10分

【練習のポイント】
・会話を聞き、どうやってその動作をするのかを書き取る。

【教えるときの留意点】
・（   ）で書かせる内容は、今まで勉強した学習項目がいろいろあります。聞き取れなかった箇所はしっかり復習させるようにしましょう。

【練習の手順】
1）聞く前に会話を読む時間を取る。
2）音声を止めずに聞く。この時点で全部答えが書けなくてもよい。
3）聞き取れた内容を質問しながら確認。
4）もう一度聞く前に、やり取りからわかった答えを書かせ、聞き取れなかった箇所を確かめさせる。
5）音声を聞き、答えを板書して全体で答えを確認。
6）音声をリピート。

【＋α】
・②の会話を参考に、二人で待ち合わせをする会話を作らせてもよいでしょう。

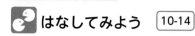

はなしてみよう　10-14

目安時間：10分

【説明のポイント】
10課で練習した学習項目を総合的に練習。

【教えるときの留意点】
・イラストを見て手前のレポーターの男性になって話すことを確認しましょう。

【練習の手順】
1）例の文を読ませる。
2）指示文の通り、町を紹介する文をペアで考えさせ、書かせる。
3）代表者にレポーターとなって発表させる。

【＋α】
・他に有名な観光地の写真を見せて、同様の活動をすることもできます。動作を説明する文が作れるように人がいる写真を選ぶようにしましょう。リポーターになった様子を録画させて、自分の日本語を聞く機会を作ることもできます。

第 11 課

アニメで勉強します

Ⅰ、会話の留意点

学習項目の練習の前に

[聞く前の確認（p.3 会話練習の手順①）]

グエンさんと鈴木さんが Web 上で話している状況を確認。

[聞いた後の確認（p.3 会話練習の手順③）]

質問　例）・グエンさんはどうやって日本語を勉強していますか。

　　　　　・どんなアプリを使っていますか。

　　　　　・鈴木さんの家族はどこにいますか。

学習項目の練習の後に

【練習のポイント】

学習のまとめとして、もう一度、課の最初にある会話を確認し、学習項目の定着をはかる。

【教えるときの留意点】

・グエンさんは、鈴木さんの妹を「妹さん」と言っています。家族の呼び名を復習しましょう。

【練習の手順】

1）会話を聞く。

2）会話の内容について、習った文型を使って質問をする。

　　・グエンさんはどうやって日本語を勉強していますか。

　　・どんなアプリを使っていますか。

　　・漢字のアプリはどうしていいですか。

　　・鈴木さんは誰に漢字を教えていますか。

　　・鈴木さんのご家族はどこに住んでいますか。

3）もう一度音声を聞いて質問の答えを全員で確認。

4）登場人物同士の関係や会話で使われている会話表現などを確認。

5）音声を聞いて、会話文をリピート。

【+α】

・会話文を見ないで、日本語として自然なスピードや発音で発話できるようになることを目指しましょう。

　以下のような練習があります。

　　・学習項目を穴あきにして、音声を聞いて書き込む練習をする。

　　・シャドーイングをする。

　　・モデル会話を暗記し、発表する。

1　書き方や　読み方が　わかりますから、とても　いいです。

✏️ **かいてみよう**　　11-1　　　　　　　　　　　　　　　目安時間：10分

Ｖます　かた　（方法）

日本語の　メールの（書き方）が　わかりません。

【練習のポイント】
・方法を表す表現を練習する。

【教えるときの留意点】
・会話文「読み方がわかりますから」例文「書き方がわかりません。」を確認し、「わかります」の前の助詞は、「が」
　であることに注意しましょう。

【練習の手順】
1）選択肢の動詞を確認。
2）文を読み、〜方の形にして書かせる。
3）板書して答えを確認。

🎧 **きいてみよう**　✏️ **かいてみよう**　　11-2　　　　　　　　　　　　目安時間：10分

【練習のポイント】
・どんな方法かわからないときの聞き方や、答え方を聞き取り書く。

【教えるときの留意点】
・「どうやって・・・？」と、文を最後まで言わずに方法を質問しています。音声をリピートして練習する際に、イ
　ントネーションにも注意を向け練習させましょう。
・質問をする前に、「あの」と言ってから「どうやって」と質問しています。こちらもイントネーションに注意を
　向け練習させましょう。

【練習の手順】
1）音声を聞き、何と言ったか書き取る。
2）板書して答えを確認。
3）イントネーションに注意を促し、音声をリピート。
4）ペアで滑らかに言えるように練習。

2　これで　勉強して、学校へ　行って、家で　復習します。

✏️ **かいてみよう** 　11-3　　　　　　　　　　　　　　　目安時間：10分

Vて、Vて、文（動作の並列）

朝　起きて、シャワーを　浴びて、歯を　磨きます。

【練習のポイント】
・て形を使って、動作を順番に言う。

【教えるときの留意点】
・「て形」で表されている動作主は同一人物であることをイラストからも確認しましょう。
・時制は、文末で表されていることを確認しましょう。

【練習の手順】
1）例文を読み、答え方を確認。
2）イラストを見て、何をしているか動詞を全体で確認してから、答えを書かせる。
3）板書して答えを確認。

【＋α】
・以下のような質問をして学習者自身の日常を答えさせてもよいでしょう。
例）②を参考に、日常について質問する。「いつも、朝何をしますか。」「うちへ帰って、いつも何をしますか。」
　　①③を参考に、過去の出来事について質問する。「昨日は何をしましたか。」「週末何をしましたか。」

✏️ **かいてみよう** 🎧 **きいてみよう** 　11-4　　　　　　　　目安時間：15－20分

Vて、Vて、文（道順を説明する）

A：ここから　川北ケアセンターまで　どうやって　行きますか。
B：あの　バス停へ（行って）、バスに（乗って）、川北ケアセンター前で　降ります。
A：ありがとうございます。

【練習のポイント】
・て形を使って、道順を説明する。

【教えるときの留意点】
・イラストの地図を見ながら、まず答えを考えます。　学習者自身で答えが考えられるように、交通手段に関する言葉（地下鉄、電車、バス、バス停など）や動詞（「乗ります」「降ります」）を確認しておきましょう。
・答えを確認してから、助詞の使い方も確認しましょう。特に注意するのは以下の助詞です。

　川北ケアセンター[まで]　行きます。
　バス停[へ]　行きます。
　バス[に]　乗ります。
　あおば大学前[で]　降ります。

【練習の手順】
1）イラストを見て状況を確認。
2）何と言っているのか、地図を見ながら書かせる。
3）音声を聞いて答えを確認。
4）板書して答えと助詞などその他の表現を確認。

【＋α】
・音声をリピートする練習もできます。リピートをさせる方法に以下のような方法があります。学習者に合った方法を選んでください。
　① 音声をリピートして、学習者同士で読み合う。
　② 文字を見ず、地図を見ながら音声をシャドーイング、またはリピートする。
　③ 文字を見ず、地図の場所を指さしながら音声をリピートする。
・地図を使って、問題の会話を参考に場所を聞く練習もできます。

3　妹に　漢字を　教えます。

✏ **かいてみよう** 11-5 目安時間：10分

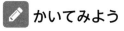

すずきさんは　（妹さん）に　（漢字）を　教えます。

【練習のポイント】
・「あげます」と、行為が向かう動詞「教えます」「送ります」「貸します」「かけます」の使い方を練習。

【教えるときの留意点】
・行為が向けられる相手には、助詞「に」を使うことに注意しましょう。

【練習の手順】
1）例文を読み、答え方を確認。
2）イラストの左の男の人が行為をする人、右の人が行為を受ける人であることを確認し答えを書かせる。
3）答えを確認し、全体でコーラス。

【＋α】
・行為をする人を学習者自身にして、①から⑦の文を自由に書かせることもできます。正しい文が書けているかどうか、板書させて確認するようにしましょう。

🎧 **きいてみよう** ✏ **かいてみよう** 11-6 目安時間：10分

人に　なにを　あげましたか

A：母の日に　（お母さん）に　なにを　あげましたか。
B：（花）をあげました。

A：誕生日（妹さん）に　なにを　あげましたか。

B：なにも　あげませんでしたが、（メッセージ）を　送りました。

【練習のポイント】

・誕生日などに、誰に何をあげたのかを聞き取り、書く。

【教えるときの留意点】

・「何も　あげませんでしたが、」の「が」は、前の文とは反対の意味を表す「が」であることを、例文を読んで
確認しましょう。

・答えを確認した後、③ AがBに「お子さん」と言って聞いていること、④ Aが聞いている「彼女」は誰なのか、
文を読み意味を確認しましょう。

【練習の手順】

1）例の会話を読んで答え方を確認。

2）音声を聞き、何と言ったか書き取る。

　　1回目は音声を止めずに聞く。2回目以降は、学習者自身が聞き取れなかった箇所を確かめる。

3）板書して答えを確認。

4）　11-7　の練習がスムーズにできるよう、音声をリピート。

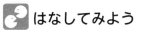 **しつもんしてみよう**　**はなしてみよう**　　11-7　　　　　　目安時間：10－15分

【練習のポイント】

・誕生日などに、誰に何をあげたのかをクラスメイトに質問する。

【練習の手順】

1）例の会話を読んで質問のやり方を確認。

2）指示文の通り、表に自分の答えを書く。

　　例）は「お母さんの誕生日」だが、「〇〇さん」は自由に変えてもよい。

　　「（　　　　）の日」という形でなく、「クリスマス」「お正月」など行事を書いてもよい。

3）クラスメイトに質問し、答えを表に記入。

4　教科書で　勉強したり、アニメを　見たり　しています。

✏️ **かいてみよう**　　11-8　　　　　　　　　　　目安時間：10分

　Ｖた

【練習のポイント】

・た形の練習。

【練習の手順】

1）て形を書かせる。

2）て形を板書して確認。

３）た形を書かせる。

４）た形を板書して確認し、て形とた形が同じ変化であることを確認。

５）ます形、て形、た形の順に読み上げて確認。

✏️ かいてみよう 　11-9

目安時間：10分

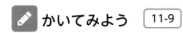

初もうで

おせち料理　　かがみもち

V たり、 V たり、～

お正月、おせち料理を（食べた）り、初もうでに （行った）り　します。

【練習のポイント】

・あるときに何をするのか、た形を使って動作を列挙する。

【教えるときの留意点】

・イラストを見て、何をしているのか一つずつ動作を確認しましょう。

・イラストでは日本のいろいろな行事や出来事が描かれています。この他にもいろいろなことをすることを説明 しておきましょう。時間があれば、「日本の卒業式」「日本のお花見」などを調べさせて発表する活動に発展さ せることもできます。

【練習の手順】

１）イラストを見て状況を確認。

２）答えを書かせる。

３）板書して答えを確認。

【＋α】

・お正月（新年）、卒業式、その他自国の特別な日には何をするのか話をさせてもよいでしょう。

✏️ かいてみよう 　11-10

目安時間：10分

Ａ：沖縄で　なにを　しましたか。

Ｂ：（海で泳いだ）り、（沖縄の料理を食べた）りしました。

【練習のポイント】

・夏休みや週末に、何をしたりしているのか、た形を使って動作を列挙する。

【教えるときの留意点】

・文末が変化することによって、時制などが変化することを説明しましょう。

・解答は一例です。文を作る際には、イラストの動詞から自由に選ばせましょう。

【練習の手順】

１）イラストを見て動詞を確認。

２）答えを書かせる。

３）板書して答えを確認。答えは一つではないので、何人かに答えを言わせて共有。

【+α】
・練習ではイラストの動詞で練習しますが、ペアでは他の動詞も自由に使って質問してもよいでしょう。

5　難しいですよね。

🎧 きいてみよう　✏️ かいてみよう　[11-11]　　　　　　　目安時間：10分

> よね　（終助詞　「よ」「ね」）

【練習のポイント】
・終助詞「よ」「ね」を使って同意、共感を表す。

【教えるときの留意点】
・練習では「よ」「ね」だけではなく、今まで練習した終助詞も聞き取ります。できなかった問題を復習するようにしましょう。

【練習の手順】
1）音声を聞き、何と言ったか書き取る。
　　1回目は音声を止めずに聞く。2回目以降は、学習者自身が聞き取れなかった箇所を確かめる。
2）音声を聞きながら答えを確認。
3）イントネーションに注意をしながら、音声をリピート。
4）ペアで滑らかになるように練習。

6　妹は　京都に　住んでいます。

📖 よんでみよう　[11-12]　　　　　　　目安時間：10分

> Ｖています　（状態の継続）

【練習のポイント】
・「住んでいる」「結婚している」など、状態が継続している様子を言う。

【練習の手順】
1）本文を読む。
2）質問文を読み、答えを書く。
3）答えを確認する。

かいてみよう 11-13 　　　　　　　　　　　　　　　　　目安時間：15分

【練習のポイント】
・ 11-12 の文を参考に、自分の家族のことを書く。

【教えるときの留意点】
・家族のことを書きたがらない学習者もいるので、家族に限らず自由に自分のことを書かせましょう。

【練習の手順】
１）11-12 の本文をもう一度読ませ、指示文の通り文を書かせる。
２）書けないようであれば、例）①～④のような質問に答える形で書かせる。

【＋α】
・お互いのこととよく知るために、書いた文をペアまたはグループで読み合わせてもよいでしょう。作文は家族のことだけでなく、友達のことでもよいでしょう。

チャレンジ！

 かいてみよう 11-14 　　　　　　　　　　　　　　　　　目安時間：10分

【説明のポイント】
11課で練習した学習項目を総合的に練習。

【教えるときの留意点】
・例文を読み、例文を参考に自分の日常を書く。

【練習の手順】
１）例の文を読ませる。
２）指示文の通り、いつもの「私の週末」を書かせる。
３）ペアまたはグループで書いた作文を読み合わせ、書いた内容について質問し合う。

第12課

日本語を話すことができます

Ⅰ、会話の留意点

学習項目の練習の前に

[聞く前の確認（p.3 会話練習の手順①）]

山田さんと鈴木さんが会社で話している状況を確認。山田さんが鈴木さんに何と言っているか想像させる。

[聞いた後の確認（p.3 会話練習の手順③）]

質問　例）・鈴木さんはこれから何をしますか。

　　　　　・（履歴書を指して）この人は今この会社で働いていますか。

学習項目の練習の後に

【練習のポイント】

学習のまとめとして、もう一度、課の最初にある会話を確認し、学習項目の定着をはかる。

【教えるときの留意点】

・山田さんは履歴書を持っています。履歴書にはどんなことを書くのか、調べさせてもよいでしょう。

【練習の手順】

１）会話を聞く。

２）会話の内容について、習った文型を使って質問をする。

　　　・鈴木さんはこれから何をしますか。

　　　・いつまでにしますか。

　　　・鈴木さんは中国語ができますか。

　　　・この人はいつこの会社で働きますか。

３）もう一度音声を聞いて質問の答えを全員で確認。

４）登場人物同士の関係や会話で使われている会話表現などを確認。

５）音声を聞いて、会話文をリピート。

【＋α】

・会話文を見ないで、日本語として自然なスピードや発音で発話できるようになることを目指しましょう。

　以下のような練習があります。

　　・学習項目を穴あきにして、音声を聞いて書き込む練習をする。

　　・シャドーイングをする。

　　・モデル会話を暗記し、発表する。

Ⅱ、学習項目の進め方

1　辞書形

💬 **いってみよう**　　12-1　　　　　　　　　　　　　　　　　　　目安時間：10分

V 辞書

【練習のポイント】
・辞書形の練習。

【練習の手順】
１）表を見て、辞書形の作り方のルールを確認。
２）今まで習った動詞の文字カードを見せ、辞書形を言わせる。

✏️ **かいてみよう**　　12-2　　　　　　　　　　　　　　　　　　　目安時間：10分

【練習のポイント】
・辞書形を書く

【教えるときの留意点】
・ここは「書く」練習です。

【練習の手順】
１）①から⑭の動詞のグループを確認。
２）辞書形をひらがなで書かせる。
３）板書して答えを確認。
４）フラッシュカードなどを使い、辞書形を言わせる変換練習。

【＋α】
・ペアやグループに動詞の文字カードを配り、変換練習をさせることもできます。すぐに辞書形に変換できることが大事なので、時間を決める、速さを競わせるなどするとよいでしょう。

2　読むことが　できます。

✏️ **かいてみよう**　💬 **いってみよう**　　12-3　　　　　　　　　　　目安時間：10分

V 辞書　ことができます　（能力）

いろいろな外国語を（話す）ことができます。

【練習のポイント】
・何ができるか言う。

【教えるときの留意点】

・③１キロ　⑥１００貫など数量を表す表現は動詞の前になることを確認しましょう。

【練習の手順】

1）例文と選択肢の動詞を確認。

2）文を読み、辞書形にして書かせる。

3）板書して答えを確認。

4）口慣らしとしてコーラス。

5）どんなことができるか（〜を）や数量を変えて自分自身のことを言う。

【＋α】

・音声をリピートさせて発音を確認する練習もできます。

🎧 きいてみよう　✏️ かいてみよう　12-4　　　　　　　　　　目安時間：15分

A：この人は、私の日本語の先生です。

B：この（髪が短い）方ですね。

A：先生は　いろいろな（外国語）を（話す）ことができます。中国語とかタイ語とか。

B：へえ。すごいですね。

【練習のポイント】

・写真について説明を聞き取り、書く。

（　）（　）（　）例　　（　）

【教えるときの留意点】

・音声を聞く前に、イラストからどんな人なのか想像させてみましょう。

・「方」と「人」の違いを確認しましょう。

【練習の手順】

1）イラストを見て状況を確認。

2）指示文の通り、音声を聞いてイラストに①から④の番号を書く。

3）もう一度音声を聞き、何と言っているのか（　）に言葉を書かせる。

4）板書して答えを確認。

【＋α】

・指示文の通り、自分の写真を見せて問題のように話し合いをさせることもできます。

🎧 きいてみよう　✏️ かいてみよう　12-5　　　　　　　　　　目安時間：15分

> Ｖ辞書　ことができます。（可能）

A：すみません、どこで　パソコンを（使う）ことが　できますか。

B：３階で（使う）ことができます。

A：ありがとうございます。

【練習のポイント】
・その場所で何ができるのか聞き取り、書く。

【教えるときの留意点】
・聞く前に、①から②は図書館で、③から⑤はコンビニで話している状況を確認しましょう。

【練習の手順】
1）イラストを見て状況を確認。
2）音声を聞き、何と言ったか書き取る。
　　　1回目は音声を止めずに聞く。2回目以降は、学習者自身が聞き取れなかった箇所を確かめる。
3）板書して答えを確認。
4）音声をリピート。
5）ペアで滑らかに言えるように練習。

【＋α】
・聞いた後で、③から⑤のコンビニでできることを、本文を読みながら確認しましょう。学習者に日本のコンビニでどんなことができるのか調べさせてもよいでしょう。
・⑥⑦は日本で桜がいつ咲くのかという話をしています。桜について調べさせてもよいでしょう。

3　新しい　学校が　できます。

🔊 きいてみよう　✏️ かいてみよう　12-6　　　　　　　　　　　　目安時間：10分

Nが　できます（完成）

A：あそこに　なにが　できますか。
B：（大きい）（スーパー）が　できます。

【練習のポイント】
・完成の意味を表す「できます」の練習。

【教えるときの留意点】
・②「いつまでに」と質問しています。「までに」の使い方を確認しましょう。

【練習の手順】
1）例文を読み、イラストを見て状況を確認。
2）音声を聞き、何と言ったか書き取る。
　　　1回目は音声を止めずに聞く。2回目以降は、学習者自身が聞き取れなかった箇所を確かめる。
3）板書して答えを確認。
4）音声をリピート。

📖 よんでみよう　12-7　　　　　　　　　　　　目安時間：10－15分

【練習のポイント】

・町の変化についての文章を読み、質問に答える。

【教えるときの留意点】
・答えを書かせるときは、文で書かせるようにしましょう。
・接続詞「そして」の使い方を確認しましょう。

【練習の手順】
1）文を読んで、質問に答える。
2）答えを板書させ、全体で確認。

【＋α】
・文を参考に、自分の町の変化について書かせることもできます。難しいようであれば、有名な都市の昔の写真と今の写真を見せ、いろいろと話をさせてもよいでしょう。

 きいてみよう かいてみよう 12-8   目安時間：10 − 15 分

Nが　できます（能力）

A：ファムさんは（中国語）ができますか。
B：はい、少し。

【練習のポイント】
・能力の意味を表す「できます」の練習。

【教えるときの留意点】
・イラストはケアセンターの面接の場面です。面接の場面では、質問されたことについて、どの程度できるのか、何ができるのか具体的に答えなければなりません。会話を聞いた後、Bはどのように答えているのか答え方を確認するようにしましょう。

【練習の手順】
1）例文を読み、イラストを見て状況を確認。
2）音声を聞き、何と言ったか書き取る。
　　1回目は音声を止めずに聞く。2回目以降は、学習者自身が聞き取れなかった箇所を確かめる。
3）板書して答えを確認。
4）音声をリピート。

【＋α】
・ペアで何ができるのか質問し合う練習もできます。

4 卒業するまえに、ここで 1か月 働きます。

✏ かいてみよう **❓ しつもんしてみよう** 12-9 目安時間：10分

| V辞書 まえに、文 | Nの まえに、文 |

【練習のポイント】
・自分の行動の順番について「前に」を使って練習。

【教えるときの留意点】
・イラストを見ながら自由に答えます。いろいろな答えを考えておきましょう。

【練習の手順】
1）イラストを確認。
2）イラストを見ながら自由に答えを書かせる。
3）ペアで①から④について話をさせる。
4）どんな答えが出たのか、ペアで発表させ全体で答えを共有。答えの確認の際には、正しい形で書けているかどうか、板書して確認。

✏ かいてみよう 12-10 **❓ しつもんしてみよう** 12-11 目安時間：15分

| （期間） まえに、文 |

【練習のポイント】
・期間＋「前に」を使って、自分の過去の行動を書く。
・クラスメイトに過去の行動について質問する。

【教えるときの留意点】
・ 12-9 では、名詞の後に助詞「の」を付ける表現を勉強しましたが、（期間）の時には、「の」を使わないことに注意を促しましょう。×1週間のまえ、×3か月のまえ
・決まった期間の「前」なので、文末はいつも過去の形になります。

【練習の手順】
1）指示文の通り、自分がしたことを書く。
2）クラスメイトに質問させる。
3）聞いた答えを表に記入。
4）どんな答えが出たのか、ペアで話をさせ全体で答えを共有。答えの確認の際には、正しい形で書けているかどうか、板書して確認。

5 あおば大学の 留学生で、来月の 3月に 卒業します。

💬 いってみよう **✏ かいてみよう** 12-12 目安時間：10分

| いA くて／なA・N で （形容詞・名詞のて形） |

この　町・　静か　・　緑が　多い

（この町は　静かで、緑が　多いです）。

【練習のポイント】
・形容詞を並べて、ある物や人などについて詳しく説明する。

【教えるときの留意点】
・問題文はすべて、いい印象の言葉を並べていますが、悪い印象の言葉を並べる文も作れること、ただし、いい
　印象と悪い印象の言葉を並べないことを確認しましょう。

【練習の手順】
１）例を読んで、答え方を確認。
２）文を言わせ、文の作り方を確認。
３）文を書かせて、正しく文が作れているか確認。
４）板書して答えを確認。

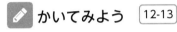 かいてみよう　12-13

目安時間：10分

【練習のポイント】
・形容詞を並べて、住みたい所や好きなものについて詳しく説明する。

【教えるときの留意点】
・ 12-12 では、形容詞文ですが、 12-13 は形容詞＋名詞という構造になっています。

【練習の手順】
１）例を読んで、答え方を確認。
２）文を書かせる。

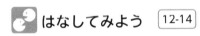 はなしてみよう　12-14

目安時間：10分

【練習のポイント】
・クラスメイトに質問し、聞いた答えを表に記入する。

【教えるときの留意点】
・「どんなＮ」と名詞文の形式で質問していることを確認しましょう。

【練習の手順】
１）例を読んで、質問の形式、答え方を確認。
２）クラスメイトに質問し、答えを表に記入。
３）何人かに発表させて答えを共有。
４）答えを板書し、正しい形で言葉が並べられているかを全体で確認。

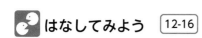

チャレンジ！

🎧 きいてみよう　[12-15]

目安時間：10分

【練習のポイント】
12課で練習した学習項目を総合的に練習します。

【教えるときの留意点】
・聞く前に各地のイメージを膨らませるために、写真などを見せるとよいでしょう。

【練習の手順】
1）問題文を読ませ、聞くポイントを確認。
2）音声を聞く。　□にはメモを書くように指示。メモは母語で書いてもよい。
3）指示文の通り質問に答える。答えは文で答えさせ、[12-16]の話がスムーズにできるように板書で確認する。

【スクリプト】
　長野はとてもいいところです。スキーをしたり、温泉に入ったりすることができます。
　それから、夏は緑が多くて、涼しいところです。ぜひ、長野へ来てください。

　福岡はとてもいいところです。おいしい料理がたくさんあります。ラーメンとか、鍋とか。
　外で食べることもできます。それから、空港が近くて、便利なところです。
　ぜひ、福岡へ来てください。

　金沢はとてもいいところです。お城を見たり、きれいな庭を見ることができます。
　それから、おいしい魚を買うことができます。お寿司もとてもおいしいです。
　ぜひ、金沢へ来てください。

💬 はなしてみよう　[12-16]

目安時間：10分

【教えるときの留意点】
・例文では理由の表現「から」使って話しています。聞いた内容を根拠に、例のように行きたい理由について話をさせましょう。

【練習の手順】
1）例の文を読ませる。
2）指示文の通り、どこへ行きたいか2－3人のグループで話をさせる。

【＋α】
・他にも、どこで何ができるのかをインターネットなどで調べて、スクリプトを参考に発表させてもいいでしょう。
・例の文を参考に、文を書かせてもいいでしょう。

第 13 課

高校を卒業してから、日本へ来ました

Ⅰ、会話の留意点

学習項目の練習の前に

[聞く前の確認（p.3 会話練習の手順①）]

山田さんと鈴木さんが会社で話している状況を確認。会社のどんな場面か想像させる。

山田さんが立ち上がって何をしているかにも注目させる。

[聞いた後の確認（p.3 会話練習の手順③）]

質問　例）・鈴木さんは今どこに住んでいますか。

　　　　　・鈴木さんは何を作りましたか。

学習項目の練習の後に

【練習のポイント】

学習のまとめとして、もう一度、課の最初にある会話を確認し、学習項目の定着をはかる。

【教えるときの留意点】

・日本では大学生や独身の人は「一人暮らし」をすることが多いです。 またカレーのように簡単に作れる料理は
　何か、自分の国と比べて話してもいいでしょう。

・「自分で」は「他の人の力を借りないで」という意味です。「一人で」との違いを確認しましょう。

【練習の手順】

1）会話を聞く。

2）会話の内容について、習った文型を使って質問をする。

　　・鈴木さんはいつから東京に住んでいますか。　　・食事は自分で作っていますか。

　　・何を作りましたか。　　　　　　　　　　　　　・一人暮らしは慣れましたか。

3）もう一度音声を聞いて質問の答えを全員で確認。

4）登場人物同士の関係や会話で使われている会話表現などを確認。

5）音声を聞いて、会話文をリピート。

【＋α】

・会話文を見ないで、日本語として自然なスピードや発音で発話できるようになることを目指しましょう。
　以下のような練習があります。

　　・シャドーイングをする。

　　・モデル会話を暗記し、発表する。

　　・モデル会話を参考に、今の自分の生活について話す。（応用練習）

1　高校を　卒業してから、東京へ　来ました。

✏️ **かいてみよう**　📖 **よんでみよう**　13-1　　　　　　目安時間：10分

Ｖて　から、文

例）飛行機のチケットを（買って）から、日本へ　行きます。

【練習のポイント】
・動作の前後関係を言う。

【教えるときの留意点】
・動作の並列ではなく、前の文の動作が常に最初の動作であることを確認しましょう。

【練習の手順】
1）イラストを見て、右のイラストは後の動作であることを確認。
2）答えを書かせる。③⑦⑪は他にどんなことをするのか、自由に考えて書かせる。
3）板書して答えを確認。
4）コーラスして、文の意味を確認。

【＋α】
・時制は後ろの文で表します。この課の練習では過去の文は扱いませんが、④〜⑦「昨日（　　　　　　）から、寝ました。」⑧〜⑪「（　　　　　　）てから、会社へ行きました。」という文で、過去の文を練習させてもよいでしょう。

✏️ **かいてみよう**　🗨️ **はなしてみよう**　13-2　　　　　　目安時間：10分

【練習のポイント】
・自分の行動を言う。

【教えるときの留意点】
・て形が正しく使えているか、書かせた文は個々に確認するようにしましょう。

【練習の手順】
1）例文を読み、答え方を確認。
2）文を書かせる。
3）ペアでお互いに書いた文を言う。
4）何人かに文を板書させて、答えを共有。

 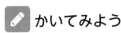

【練習のポイント】
・初めてすることについて、どんな順番で行うのか聞き取る。

【教えるときの留意点】
・初めて銭湯に行ったときの会話です。会話を聞かせる前に銭湯の写真などを見せてイメージを膨らませてもよいでしょう。

【練習の手順】
1）イラストを見て状況を確認。 会話文を読ませる。
2）音声を聞き、何と言ったか書き取る。
　　1回目は音声を止めずに聞く。2回目以降は、学習者自身が聞き取れなかった箇所を確かめる。
3）板書して答えを確認。
4）音声をリピート。

【+α】
・銭湯や温泉など、日本の入浴文化について調べさせてもよいでしょう。

2　アパートを　借りています。

✏ かいてみよう 13-4　　　　　　　　　　目安時間：10分

| 人に　Nを　もらいます |

さくらさんは　（　エファさん　）に　（消しゴム）を　借ります。

【練習のポイント】
・「もらいます」と、行為が向けられる動詞「習います」「借ります」の使い方を練習。

【教えるときの留意点】
・行為の起点の助詞は「に」を使いますが、「から」も使えることを説明しましょう。

【練習の手順】
1）例文を読み、答え方を確認。
2）イラストの左の女の人が行為を受ける人であることを確認し、答えを書かせる。
3）答えを確認し、全体でコーラス。

【+α】
・行為を受ける人を学習者自身にして、①から⑦の文を自由に書かせることもできます。正しい文が書けているかどうか、板書させて確認するようにしましょう。

🎧 きいてみよう 13-5

私は　母に　料理を　（習って）います。

【練習のポイント】
・会話を聞き、誰が何をしたのかを書く。

【教えるときの留意点】
・音声を聞く前に、文を読ませ聞くポイントを確認しましょう。

【練習の手順】
1）例）の会話を聞いて、答え方を確認。
2）音声を聞き、何をしたのか、するのかを書く。
3）もう一度音声を聞いて答えを確認。
4）板書して答えを確認。

【＋α】
・会話の内容をより理解させるために、会話の内容についての質問をしたり、学習者に説明させたりする練習も
　できます。

【スクリプト】
例）
女：私は料理が好きです。よく新しい料理を作ります。でも、私の料理はおいしくないです。
　　私の母の料理はとてもおいしいです。母は私の料理の先生です。
　　毎週日曜日、一緒に料理を作ります。

①
男（A）：森本さん、おはようございます。
女（B）：おはようございます。いつもこのバスで会社へ行きますか。
男（A）：いいえ、いつもは　自転車ですが、今日は雨ですから。あっ、財布を忘れました。
　　　　森本さん、あのう、すみませんが、バス代を貸してください。
女（B）：ええ、いいですよ。
男（A）：すみません、ありがとうございます。

②
男（男の子）：先生、おはようございます。
男（先生）：田辺君、おはようございます。新しいスニーカーですね。
男（男の子）：はい、クリスマスのプレゼントです。
男（先生）：へえ、サンタクロースにもらいましたか。
男（男の子）：あはは、いいえ。
男（先生）：じゃ、誰にもらいましたか。
男（男の子）：父にもらいました。

③
女（A）：原田さん、すてきなワンピースですね。どこで買いましたか。

女（B）：これは姉のです。今日は友達の結婚パーティーがありますから。
女（A）：いいですね。

④
女（A）：大石さんは着物の着方がわかりますか。
女（B）：ええ、わかりますよ。昔少し教えていました。
女（A）：わあ、すごい！私にも教えてください。
女（B）：いいですよ。いつでもどうぞ。

3　最初は　自分で　料理を　作ることが　できませんでしたが、今は　時々　作っています。

 かいてみよう　**はなしてみよう**　[13-6]　　　　　　　　目安時間：10分

N1は　～が、　N2は　～　（助詞「は」対比）

A：動物が　好きですか。
B：いぬは　好きですが、　ねこは　あまり　好きじゃありません。

【練習のポイント】
・あるトピックについて、二つの事柄を対比して説明する。

【教えるときの留意点】
・「が」は、逆説の意味を表すことを確認しましょう。

【練習の手順】
1）例文を読み、答え方を確認。
2）答えを書かせる。
3）答えを確認し、口慣らしとしてコーラス。
4）滑らかに言えるようにペアで練習。

はなしてみよう　[13-7]　　　　　　　　目安時間：10－15分

【練習のポイント】
・いろいろなトピックについて質問し、答える。

【教えるときの留意点】
・質問をするときの「は」は、主題の「は」です。　この課で練習する対比の「は」とは意味が異なることを確認しましょう。

【練習の手順】
1）例を読み、質問の方法、答え方を確認。
2）表を見て、①～④の（　　　）に答えを書く。

3）ペアで書いた答えを確認。

4）全体で答えを確認し、口慣らしでコーラス。

5）同じトピックで自分のことについてペアで話す。

4　一人暮らしは　もう　慣れましたか。

 かいてみよう　13-8　　　　　　　　　　　　　　　目安時間：10分

> もう　Vました・まだ　Vて　いません（完了・未完了）

【練習のポイント】

・「もう」（完了）、「まだ」（未完了）を使った練習。

【教えるときの留意点】

・「完了」を述べるときには、完了の意味を表す副詞「もう」と一緒に使い、「未完了」を述べるときには、「まだ」と一緒に使います。また、過去の出来事の否定ではなく、未完了の意味を表すので「Vていません。」という形になることに注意します。

・未完了の返事の後に、例）これからします。②あとで食べます。のように、いつそのことをするのかを答えたり、④まだ考えています。⑤とても心配です。と、今の状況を説明したりしています。会話の意味をコーラスの前に確認しましょう。

【練習の手順】

1）例を読み、答え方を確認。

2）答えを書かせる。

3）板書させて、答えを確認。

4）口慣らしとしてコーラス。

 かいてみよう　 **はなしてみよう**　13-8　　　　　　　　目安時間：15分

【練習のポイント】

・リストを見ながら、これからすること、もうしたことを確認する（済んだことには線が引いてあるが〈例1〉、これから行うことには引いていない〈例2〉など）。

【練習の手順】

1）例1）例2）と答えを読み、リストの見方を確認（済んだことには線が引いてあるが〈例1〉、これから行うことには引いていない〈例2〉など）。

2）指示文の通り、リストを見て答えを書かせる。

3）ペアで読み合いながら答えを確認。

4）答えを板書させて全員で答えを確認。

【+α】

・リストを使って以下のような活動もできます。

1）学習者の名前にしてリストを作る。

２）学習者一人ずつ「～さんは、もうＶましたか。」と質問する。
３）学習者は、自由に「はい、もうＶました。」「いいえ、まだＶていません。」を答える。
　　答え方は 13-8 を参考に、まだしていないことはいつするのかなどを説明させる。
４）答えを聞き、完了したことに線を引く。

![チャレンジ！]

🔼 きいてみよう 13-10　　　　　　　　　　　　　　　　　　　　　目安時間：10分

【練習のポイント】
13課で練習した学習項目を総合的に練習。

【教えるときの留意点】
・日本の生活についてのまとまった話を聞きます。　①から④の文を先に読ませ聞くポイントを示しましょう。

【練習の手順】
１）問題文を読ませ、聞くポイントを確認。
２）音声を聞く。□にはメモを書くように指示。
３）例の通り、質問に答える。

【＋α】
・メモを参考に、「私の日本語の勉強」について話をさせることもできます。　難しいようでしたら、以下のスク
　リプトを見せてもよいでしょう。

みなさん、初めまして。私はチョウです。中国人です。今、千葉県に住んでいます。私は中国の大学で日本語を
勉強してから、日本へ来ました。でも、初めは日本語が全然わかりませんでした。今は会社の人と日本語で話す
ことができます。会社の人に日本語の辞書をもらいました。その辞書で毎日勉強しています。
中国人の友達はたくさんいますが、日本人の友達はまだいません。
今、日本人の友達が欲しいです。みなさん、私と友達になってくださいね。よろしくお願いいたします。

第 14 課

早く帰ったほうがいいですよ

Ⅰ、会話の留意点

学習項目の練習の前に

［聞く前の確認（p.3 会話練習の手順①）］
山田さんと鈴木さんが会社で話している状況を確認。鈴木さんはどんな様子か想像させる。

［聞いた後の確認（p.3 会話練習の手順③）］
質問例）・鈴木さんはどうして顔が赤いですか。
　　　　・鈴木さんはこれからどこへ行きますか。　・病院はどこにありますか。

学習項目の練習の後に

【練習のポイント】
学習のまとめとして、もう一度、課の最初にある会話を確認し、学習項目の定着をはかる。

【教えるときの留意点】
・山田さんは、鈴木さんがいつもと様子が違うことに気がついて、「あれ？」と言っています。話し言葉で、目上の人にはあまり使わないことを説明しましょう。
・「少しのどが痛くて…」、「痛くて」のて形は理由を表しますが、ここでは練習しません。意味だけ確認しておきましょう。
・「お先に失礼します。」は、職場で先に帰るときに言うあいさつの表現です。よく使われるので覚えましょう。
・「お大事に」は、病気など具合が悪い人に対して言う表現です。

【練習の手順】
1）会話を聞く。
2）会話の内容について、習った文型を使って質問をする。
　　・鈴木さんはこれからどこへ行きますか。
　　・何という病院ですか。　・ここから近いですか。
3）もう一度音声を聞いて質問の答えを全体で確認。
4）登場人物同士の関係や会話で使われている会話表現などを確認。
5）音声を聞いて、会話文をリピート。

【＋α】
・会話文を見ないで、日本語として自然なスピードや発音で発話できるようになることを目指しましょう。
　以下のような練習があります。
　・学習項目を穴あきにして、音声を聞いて書き込む練習をする。
　・シャドーイングをする。
　・モデル会話を暗記し、発表する。
　・モデル会話を参考に、自分が実際に行った病院について話す。（応用練習）

1 ない形

💬 **いってみよう** 14-1 　　　　　　　　　　　　　　　目安時間：10分

V ない

【練習のポイント】
・ない形の練習

【練習の手順】
1）表を見て、ない形の作り方のルールを確認。
2）今まで習った動詞の文字カードを見せ、ない形を言わせる。

✏️ **かいてみよう** 14-2 　　　　　　　　　　　　　　　目安時間：10分

【練習のポイント】
・ない形を書く

【教えるときの留意点】
・ 14-1 で、ない形を「言う」練習をしていますが、ここでは「書く」練習です。表記に注意しましょう。
・「あります」のない形は「あらない」ではなく、「ない」になります。この練習では出てきませんが、説明しておきましょう。

【練習の手順】
1）①から⑭の動詞のグループを確認。
2）ない形を書かせる。
3）板書して答えを確認。
4）文字カードなどを使い、ない形を言わせる変換練習。

【＋α】
・ペアやグループに動詞の文字カードを配り、変換練習をさせることもできます。すぐにない形に変換できることが大事なので、時間を決める、速さを競わせるなどするとよいでしょう。

🔊 **きいてみよう** ✏️ **かいてみよう** 14-3 　　　　　　　　　　　目安時間：15分

V ない でください

【練習のポイント】
・してはいけないことを聞き取り、書く。

・⑤マナーモードにしてください。「〜にします。」という文型はここでは練習しませんが、「静かにしてください。」などの表現から意味を確認しましょう。

【練習の手順】
1）音声を聞き、してはいけないことを書く。
2）もう一度音声を聞いて答えを確認。
3）板書して答えを確認。

2 無理を　しないほうが　いいですよ。

 **かいてみよう** **はなしてみよう**　14-4　　　　　　　目安時間：10分

| Ｖない　ほうがいいです（助言・否定） |

Ａ：昨日から　少しのどが痛くて…。
Ｂ：風邪ですか。（無理をしない）ほうがいいですよ。

【練習のポイント】
・話し相手を配慮し、しないほうがいいことを助言する練習。

【教えるときの留意点】
・Ａの男性は体の不調を訴えています。①「おなかが痛い。」　②「のどが痛い。」　④「熱がある。」　⑤「頭が痛い。」という表現も覚えるようにしましょう。

【練習の手順】
1）イラストと例文を読み、答え方を確認。
2）イラストの右の男性が助言をしていることを確認し答えを書かせる。
3）答えを確認し、口慣らしとして全体でコーラス。
4）ペアで滑らかに言えるよう練習。

【+α】
・体の不調を訴え、助言をするという会話の練習もできます。
例）Ａ：昨日からちょっと頭が痛くて…
　　Ｂ：無理をしないほうがいいですよ。スマートフォンをあまり見ないほうがいいですよ。

3 早く　行ったほうが　いいですよ。

 **かいてみよう**　14-5　　　　　　　目安時間：10分

| Ｖた　ほうがいいです。（助言・肯定） |

薬を（飲んだ）ほうがいいですよ。

・話し相手を配慮し、したほうがいいことを助言する練習。

【教えるときの留意点】
・「辞書形＋ほうがいい」の表現もありますが、この段階ではコミュニケーションで支障を来すような違いはない
　ので、「Ｖた＋ほうがいい」だけを練習します。
・「道が混んでいます。」は、フレーズとして意味を確認しましょう。

【練習の手順】
１）例文を読み、答え方を確認。
２）答えを書かせる。
３）答えを確認し、口慣らしとしてコーラス。

【＋α】
・イラストの状況のような、病気のとき、友達や家族とけんかをしたとき、したほうがいいこと、しないほうが
　いいことを自由に話させてもよいでしょう。

 きいてみよう かいてみよう ［14-6］　　　　　　　目安時間：10分

【練習のポイント】
・二人の会話を聞き、これから何をするのかを聞き取る。

【練習の手順】
１）イラストの状況を確認。
２）①から⑤の文を読ませ、聞き取るポイントを確認。
３）音声を聞き、何と言ったか書き取る。
　　１回目は音声を止めずに聞く。２回目以降は、学習者自身が聞き取れなかった箇所を確かめる。
４）板書して答えを確認。
５）①から⑤の答えとなる会話を確認しながら音声をもう一度聞く。

【スクリプト】
男（Ａ）：約束の時間は11時でしたね。時間がありませんから、急ぎましょう。
男（Ｂ）：はい、タクシーに乗りますか。
男（Ａ）：いいえ、道が混んでいますから、地下鉄で行きましょう。
　　　　　あぁ、でも、5分ぐらい遅れますね。
男（Ｂ）：じゃあ、山田さんに電話をします。
男（Ａ）：お願いします。
男（Ｂ）：おみやげを持って行きますか。山田さんはプリンが好きですよ。
男（Ａ）：そうですね。でも、時間がありませんから、会社の前の店でクッキーを買いましょう。

4 **いい　病院を　知っています。**

 はなしてみよう　 **かいてみよう**　14-7　　　　　　　　目安時間：10分

┌─────────────────────┐
│ Ｖています　（状態の継続）│
└─────────────────────┘

Ａ：いい　レストランを　知っていますか。

Ｂ：はい、（知っています）。会社の近くにありますよ。

Ａ：安いスーパーを　知っていますか。

Ｂ：いいえ、（知りません）。すみません。

【練習のポイント】

・「知っている」こと、「知らない」ことを言う。

【教えるときの留意点】

・11課で、「住んでいます。」などで状態の継続を勉強しました。ここでは「知っています。」を練習します。「いいえ」のときは、「知りません。」（×知っていません）となることに注意しましょう。

・「知っていますか」と質問するときは①～⑤のようにすぐにそのことを知りたいときや、⑥⑦のように興味のあることや聞いてほしいことを話し出すときに使います。

【練習の手順】

1）例を読み、答え方を確認。

2）ペアで会話を読みながら答えを考える。

3）全体で答えを確認。

4）口慣らしとしてコーラス。

【＋α】

・ペアで、興味のあることについて、「～を知っていますか。」と質問し、答える練習もできます。

5 **高橋先生という　内科の　先生です。**

 かいてみよう　14-8　　　　　　　　　　　　　目安時間：10分

┌───────────────────────┐
│ Ｎ１という　Ｎ２　（Ｎ１について説明）│
└───────────────────────┘

これは（どらやき）という（お菓子）です。

【練習のポイント】

・珍しい物や場所、聞き手がよく知らない物や場所（N1）について説明する。

【教えるときの留意点】

・例）や①から⑦について、最初は具体的にどんな物、場所かわからなくても構いません。まずどんな種類なの

か説明する練習をさせてから、具体的な説明をするようにしましょう。

・「〜という」は、わからないものについて説明する場合に使います。相手もよく知っているものには使わないことを確認しましょう。

・具体的に名前がわからないときは「何というNですか」と聞きます。＋αの練習の前に確認しておきましょう。

【練習の手順】
1）例を読み、答え方を確認。
2）答えを書かせる。
3）板書させて、答えを確認。
4）口慣らしでコーラス。

【＋α】
・珍しいものをインターネットなどで探し、「これはN１というN２です。」とペアで説明し合う練習もできます。

🎧 きいてみよう ✏️ かいてみよう　14-9　　　　　　　目安時間：10 − 15 分

A：家族と　鎌倉へ　旅行に　行きます。

　　　なかいさんは（おいしい　レストラン）を知りませんか。

B：ええ。（はとや）という　レストランが　いいですよ。

A：そうですか。ありがとうございます。

【練習のポイント】
・珍しい物や場所、聞き手がよく知らない物や場所について丁寧に質問し、聞いた内容を書き取る。

【教えるときの留意点】
・お店やホテルの名前は架空の名前です。聞き取れることが大切です。カタカナで書かなくても構いません。

【練習の手順】
1）例を読み、答え方を確認。
2）音声を聞き、何と言ったか書き取る。
　　1回目は音声を止めずに聞く。2回目以降は、学習者自身が聞き取れなかった箇所を確かめる。
3）板書して答えを確認。
4）音声をリピート。
5）ペアで滑らかに言う練習。

【＋α】
・①から⑤の会話を参考に、会話を作る練習もできます。

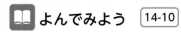

よんでみよう 14-10

目安時間：10－15分

【練習のポイント】

14課で練習した学習項目を総合的に練習。

【教えるときの留意点】

・「悩み相談室」について、インターネットや雑誌などで見たことがあるか、読んだことがあるか話をさせ、内容
　のイメージを膨らませてから読ませましょう。

【練習の手順】

1）例1）例2）を読ませ、答え方を確認。

2）文を読ませ、○×の答えを書く。

3）全体で答えを確認し、なぜその答えになったのか、本文の該当箇所を確認。

【＋α】

・Aさんの悩みを参考に、自分の悩みを書かせ、「Vたほうがいいですよ。」「Vないほうがいいですよ。」という
　文型を使って、クラスメイトの悩みに対し一言ずつ助言をする活動もできます。

第 15 課

病気だそうです

Ⅰ、会話の留意点

学習項目の練習の前に

[聞く前の確認（p.3 会話練習の手順①）]

Web 上の会話であることを確認し、鈴木さんの表情や机の上にあるものから会話を想像させる。学習者自身が病気のときにどんなことをするか、話し合わせてもよい。

[聞いた後の確認（p.3 会話練習の手順③）]

・鈴木さんはどこへ行きましたか。　・鈴木さんは風邪でしたか。

・お医者さんはどんなアドバイスをしましたか。　・鈴木さんは家族と住んでいますか。

学習項目の練習の後に

【練習のポイント】

学習のまとめとして、もう一度、課の最初にある会話を確認し、学習項目の定着をはかる。

【教えるときの留意点】

・「病気のとき」で「とき」がでてきます。ここでは「名詞のとき」の表現のみ確認するようにしましょう。

【練習の手順】

1）会話を聞く。

2）会話の内容について、習った文型を使って質問をする。

　　・鈴木さんはどこへ行きましたか。　・お医者さんは何て？

　　・グエンさんはどんなアドバイスをしましたか。

3）もう一度音声を聞いて質問の答えを全体で確認。

4）登場人物同士の関係や会話で使われている会話表現などを確認。

5）音声を聞いて、会話文をリピート。

【＋α】

・会話文を見ないで、日本語として自然なスピードや発音で発話できるようになることを目指しましょう。

　以下のような練習があります。

　・学習項目を穴あきにして、音声を聞いて書き込む練習をする。

　・シャドーイングをする。

　・モデル会話を暗記し、発表する。

　・モデル会話を参考に、病気のときどうするかなどについて話す。（応用練習）

1 普通形

💬 いってみよう 15-1   目安時間：10分

【練習のポイント】
・普通形の練習

【練習の手順】
1）［動詞］今まで習った動詞の形「たべます・たべました・たべません・たべませんでした」を確認。
2）動詞の普通形は、今までに勉強した動詞の形「辞書形」「た形」「ない形」に、「なかった」を加える。「話す・話した・話さない・話さなかった」など例を出しながらそれぞれの形を確認。

		過去	非過去
肯定	○	た形	辞書形
否定	×	なかった	ない形

動詞の普通形

3）他の品詞も繰り返し練習。表の一部を穴あきにして書き込ませる練習もできる。

✏️ かいてみよう 15-2   目安時間：10分

【練習のポイント】
・普通形を書く練習。⑬から⑮は、今までに習った文型の文末表現なので、学習者と考えながら形を確認。

【教えるときの留意点】
・この課で勉強するのは、普通形（form）で、文法的な「形」に注目したものです。普通体（style）ではないことに注意します。
・動詞、形容詞、名詞など、品詞ごとに形を確認します。正確に書くことも必要なので、口頭だけでなく書いた形も板書などで確認します。
・15問最初にすべて書くことが難しければ、最初は品詞ごとに書く⇒確認、という練習を繰り返してもいいでしょう。

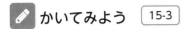 2　山田さんに　聞いた　病院へ　行きました。

✏️ かいてみよう　［15-3］　　　　　　　　　　　目安時間：15分

| Nの／い・なA／文（普通形）＋　N |

【練習のポイント】
・名詞修飾節を作る。

【教えるときの留意点】
・以下がイラストの状況です。矢印（→）が示す人や物について説明します。
例）女の人が鞄を持っています。どんな鞄かを説明します。
①　女の人がお菓子を食べています。どんなお菓子か説明します。
②　男の人がワインを飲んでいます。どんなワインか説明します。
③　女の人が公園にいます。どんな公園か説明します。
④　お父さんが犬の散歩をしています。どんないぬか説明します。
⑤　男の人が映画を見て、歌を聞いています。どんな歌か説明します。
⑥　男の人が高校のときのことを思い出しています。どんな先生か説明します。
・イラストからいろいろな例が出てくると思いますが、間違った答えで練習しないように正しい答えを確認して
　おきます。その後、イラストの人物や場所などを説明しながら答えを引き出すとよいでしょう。

【練習の手順】
１）実際に鞄を一つ持っていって、その鞄を見せながらどんな鞄か、学生に言わせる。「黒い鞄」や「大きい鞄」
　　などいろいろ意見が出たあとに、「大きい鞄です」「私の鞄です」「昨日買った鞄です」と、例文の意味を確認。
２）名詞を修飾するとき、（１）名詞＋の＋名詞　（２）形容詞＋名詞　（３）名詞修飾節＋名詞、という接続の
　　形を確認。
３）名詞修飾節は「普通形」であることを確認。
４）鞄のように学習者の身近にあるもの（本、ペンなど）で、例と同じような文が言えるかどうか練習。
５）①から⑥のイラストについて、「どんな公園ですか」「どんな犬ですか」と問いかけながら答えを確認。
６）名詞、形容詞、普通形が正しく名詞と接続できているかどうか、口頭、板書、両方で確認。

✏️ かいてみよう　😊 はなしてみよう　［15-4］　　　　　目安時間：20分

| （着脱動詞　Vている）＋　人（着脱動詞を使った名詞修飾節） |

【練習のポイント】
・人の様子を説明する。
・服装に関する言葉を練習する。

【教えるときの留意点】
・このイラストは、学校の学園祭の場面です。学園祭にはいろいろな人が来ます。どんな人がいるのかを具体的
　に説明します。
・着脱に関する動詞は、「ネクタイをする」など、名詞とセットで練習するようにします。

・「どなたですか。」、「お母様」と丁寧な表現を使っていることを確認します。

【練習の手順】
1）服装に関する言葉を確認。
　　名詞：着物、ネクタイ、スーツ、スカーフ、スカート、サングラス、帽子
　　動詞：履く、（ネクタイを）する、（サングラスを）かける
　　ここでは、動詞の意味だけでなく「着物を着ています。」と「〜ています。」という表現になることも確認し、
　　自分の服装を説明するなどの練習もする。
2）言葉を確認したら、イラストを見ながら答えを書く。
3）答えを全体で確認。普通形が正しく書けているか板書などでも確認。
4）全体でコーラスした後、ペアで練習。

【＋α】
ファッション雑誌や、写真などを使って、人の様子を説明する活動をしてもよいでしょう。

 かいてみよう 📖 よんでみよう 　15-5　　　　　　　　　　　　目安時間：15分

【練習のポイント】
・連体修飾節を使って週末の出来事を話す。

【練習の手順】
1）吹き出しの中にあるイラストの内容を確認。
2）イラストと文を見ながら、（　　　）に正しい文を書く。
3）正しく書けたかどうか、板書で確認。
4）文の内容が正しく理解できているかどうか、内容に関する質問をして確認。
　　質問例）
　　・鈴木さんはどこへ行きましたか。青山さんはどこに住んでいますか。
　　・鈴木さんは何を持っていきましたか。
　　・鈴木さんは何を食べましたか。
5）2つ目のイラストも同様に行います。

【＋α】
週末の出来事を、問題文のように書く練習をしてもよいでしょう。

3 　風邪だそうです。

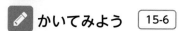 かいてみよう 　15-6　　　　　　　　　　　　目安時間：10分

| 普通形　そうです　（伝聞） |

沖縄は（台風だ）そうです。

【練習のポイント】
・インターネットなどで見たり聞いたりした情報を伝える。

【練習の手順】

1）イラストを見ながら、①から⑤の地名と天気に関する言葉を確認。

2）①から⑤をコーラス。

3）問題の答えを書く。

5）普通形が正しく書けているか板書などで確認。

【＋α】

実際にインターネットで、地域の天気を調べて説明してもいいでしょう。

 きいてみよう ✏ かいてみよう 15-7 目安時間：15分

（風邪です）ね。

【練習のポイント】

・医者が言ったことを聞く。

・聞いた内容を、正確に書きとる。

【練習の手順】

1）イラストを見て、状況を確認。

2）音声を聞く。

　　1回目は音声を止めずに聞く。2回目以降は、学習者自身が聞き取れなかった箇所を確かめる。

3）書いた答えを板書して全体で確認。

4）コーラスで確認。

🐤 はなしてみよう 15-8 目安時間：10分

かとう：お医者さんは　なんて？

すずき：（風邪だ）そうです。

【練習のポイント】

・医者に何と言われたのかを聞く。

・普通形＋そうです、の文型を使って、聞いた内容を他の人に伝える。

【教えるときの留意点】

・ 15-7 で聞いた発話を、二人で確認しながら練習をします。

・「お医者さんは何て？」は、「お医者さんは何といいましたか。」という意味で、「何て？」は省略した形です。

【練習の手順】

1）「何て？」のイントネーションに注意しながら、A, Bの会話を全体でコーラス。

2）ペアで練習。

3）ペアを交代して練習。

4 一人暮らしは　大変でしょう。

🎧 **きいてみよう** ✏️ **かいてみよう** [15-9]　　　　　　　目安時間：10分

> 普通形　でしょう（同意・共感）

A：日本語の勉強は（大変）でしょう。
B：いいえ、（楽しい）ですよ。

【練習のポイント】
同意や共感を求める表現を練習。

【教えるときの留意点】
・文末は上昇イントネーションで柔らかく発音します。音声でも確認しましょう。
・名詞とな形容詞の接続の形は、「大変でしょう。」です。
　「〜だ」とならないよう注意します。　×雨だでしょう　×大変だでしょう

【練習の手順】
1）例を見て、会話の意図を確認。意図を確認するために、例にある「日本語の勉強は大変でしょう。」と、同じ
　　質問を学習者にしてもよい。
2）音声を聞いて、書く。
　　1回目は音声を止めずに聞く。2回目以降は、学習者自身が書き取れなかった箇所を確かめる。
3）書いた答えを板書して全体で確認。
4）音声を聞いて、イントネーションに注意してリピート。
5）ペアで会話の練習。

【＋α】
Aの質問に対して、自由に自分の答えを考えて言う練習もしてみましょう。

🎧 **きいてみよう** ✏️ **かいてみよう** [15-10]　　　　　　　目安時間：10分

【練習のポイント】
・男の人と女の人の話を聞いて、話の内容を書く。

【教えるときの留意点】
・状況を説明する文が書いてあるので、聞く前に、文章を読む時間を少し取りましょう。

【練習の手順】
1）音声を聞いて、答えを書く。
　　1回目は音声を止めずに聞く。2回目以降は、学習者自身が聞き取れなかった箇所を確かめる。
2）答えを全体で確認。

【スクリプト】
①
女：登山はどうでしたか。疲れたでしょう。

男：ええ、でもとてもきれいでした。これ、山の上で撮った写真です。

女：うぁー、きれいですね。

男：はい、とても疲れましたが、元気になりました。また登りたいですね。

②

男：佐藤さん、その本読みましたか。おもしろかったでしょう。

女：人気がある本ですから、読みましたが……。あまりおもしろくなかったです。

男：そうですか……。

---

5 家族を 助けることも 大切だ と思います。

 はなしてみよう 15-11　　　　　　　　　　　　　　　　目安時間：15分

普通形 ＋ と思います（推測・意見を言う）

A：この女の人は誰を待っていると思いますか。

B：（友達を待っている）と思います。

【練習のポイント】

・イラストを見て推測する。

【教えるときの留意点】

・普通形が正しく使えているか、口頭だけでなく書いたものも確認しましょう。

・解答は一例です。いろいろな答えが出る可能性がありますので、しっかり準備しておきましょう。

【練習の手順】

1）例にある質問「この女の人は誰を待っていると思いますか。」をして推測させ、答え方を確認。

2）ペアで①から⑥の答えを考え、答えを書く。

　　問題③、④、⑥は、「はい・いいえ」の答えをイラストを見て自由に考える。

3）答えを全体で確認。

4）ペアでAとBの会話を練習。

【＋α】

練習のAとBの会話が間違いなくできるようになったら、自由に「〜と思います。」の文を作らせてもいいでしょう。ただ文法的に間違った文が出てくる可能性があります。間違いはその都度直しましょう。

 かいてみよう **はなしてみよう** 15-12　　　　　　　　　　目安時間：10分

【練習のポイント】

・予測や意見を述べる。

【練習の手順】

1）イラストと折れ線グラフ（世界の平均気温）、棒グラフ（日本の人口の推移）について説明。

2）一人で答えを書いてみる。

3）どんな答えを書いたのかペアで話し合う。

4）各ペアでどんな答えがあったのかクラスで紹介。答えを共有するときに、普通形が正しく使えているかも確認。

【＋α】

なぜそう予測したのか、理由も考えてみましょう（媒介語や母語を使っても構いません）。

 ✎ **かいてみよう** 🗣 **はなしてみよう** `15-13` 目安時間：15分

【練習のポイント】

トピックについて意見を述べる

【教えるときの留意点】

・自由に自分の意見を述べる練習をします。「〜と思います。」の意味や用法を正しく使えているかどうか、発話だけでなく文を書くなど、書いたものも確認するようにしましょう。

・「〜について」は初めて出てくる表現です。

【練習の手順】

1）ＡとＢがいろいろなトピックについて話している会話の内容を確認。

2）選択肢から言葉を選んで、正しい形にして（　　　　）に書く。

3）ペアで書いた答えを読みながら確認。

4）答えを板書して全員で確認。

5）例文をペアで言う練習。Ｂ１（賛成）、Ｂ２（反対）かは学習者が自由に選ぶ。

チャレンジ！

 🗣 **はなしてみよう** `15-14` 目安時間：20分

【教えるときの留意点】

・`15-13`と同じトピックについて、自分の意見を考えて話す練習をします。

【練習の手順】

1）指示文の通り、Ａの質問に対して、自分はＢ１とＢ２、どちらの意見か考えさせる。

2）理由を述べるとき、会話例のように、理由「から」を使い、自分の意見をテキストに書かせる。

3）自由に自分の意見をクラスメイトと話す。

Memo

Memo

Memo

著者・監修者紹介

監修：**山田智久**（やまだともひさ）

西南学院大学外国語学部外国語学科教授
ロンドン大学教育研究所より修士号（MA in Modern Languages in Education）、
北海道大学より博士号（学術）を取得。ロンドン大学東洋アフリカ学院ランゲー
ジセンター、佐賀大学留学生センター、北海道大学高等教育推進機構を経て
2021年より現職。主な著書に『ICTの活用（第二版）』（くろしお出版）、『日本
語教材研究の視点』（分担共著、くろしお出版）、『日本語教師のためのアクティブ・
ラーニング』（共著、くろしお出版）等がある。

著者：**藤田百子**（ふじたももこ）

早稲田大学大学院日本語教育研究科修士課程修了。現在、早稲田大学日本語教育
研究センター非常勤インストラクター、東京外国語大学留学生日本語教育セン
ター非常勤講師などを務める。著書に『TRY! START にほんごはじめよう』（共
著、アスク出版）がある。

アクセス日本語　教師用指導書

発行日　2021年9月17日（初版）

監修：山田 智久
著者：藤田 百子

編集　　　　　　　株式会社アルク日本語編集部
翻訳　　　　　　　DO THI HOAI THU、株式会社アミット
装丁　　　　　　　早坂 美香（SHURIKEN Graphic）
イラスト　　　　　森 麻衣
本文デザイン・DTP　有限会社ギルド
印刷・製本　　　　萩原印刷株式会社

発行者　天野 智之
発行所　株式会社アルク
　　　　〒102-0073 東京都千代田区九段北 4-2-6
　　　　市ヶ谷ビル
　　　　Website：https://www.alc.co.jp/

地球人ネットワークを創る

アルクのシンボル
「地球人マーク」です。

PC：7021052
ISBN：978-4-7574-3928-3